"认识中国·中国基本制度"系列丛书

一国两制

维护国家统一和领土完整的重要制度

◎ 本书编写组

黄　涛　艾超南　黄小玲　吴多云

五洲传播出版社

序　言

　　国之兴衰系于制，民之安乐皆由治。制度是国家之基、社会之规、治理之据，制度优势是一个国家的最大优势。一个国家选择什么样的国家制度和国家治理体系，是由这个国家的历史文化、社会性质、经济发展水平决定的。中国十分重视制度建设的科学性、可行性、稳固性，中国特色社会主义制度是被实践反复证明有显著优势的制度体系。中国共产党在长期革命、建设、改革和发展的时代进程中，团结带领人民不断探索实践，逐步形成了中国特色社会主义制度，形成经济、政治、文化、社会、生态文明、军事、外交等一整套更加成熟更加定型的制度。这是人类制度文明史上的伟大创造，也是人类制度文明史上前所未有的巨大而生动的实践。坚持和完善中国特色社会主义制度、推进国家治理体系和治理能力现代化的成功实践，为当代中国发展进步提供了根本制度保障，也为世界和平发展提供了独特的中国方案。

　　读懂中国，首先要读懂中国共产党，中国共产党领导是中国特色社会主义最本质的特征，是中国特色社会主义制度的最大优势。而读懂中国共产党，就要了解中国制度选择的探索史、中国制度建设的发展史、中国制度自信的理论逻辑，以及中国共产党制定各项制度的指导思想、理论基础、目标任务、实践要求等。在中国，党的全面领导不是抽象的而是具体的，涉及国家治理的各领域各方面各环节，体现在各级各类组织的活动之中。而这一整套多层次、全方位的制度安排，都是为了实现这样一个政治目标和崇高追求：如何充分体现人民当家作主的要求，如何真正实现人民当家作主，从而维护人民根本利益。

认识中国，就要了解中国基本制度。评判一种制度是否行得通、有效率、真管用，实践最有说服力。70多年来，中国共产党团结带领中国人民创造了世所罕见的经济快速发展奇迹和社会长期稳定奇迹，这"两大奇迹"是党带领人民长期不懈奋斗的必然结果，也是中国国家制度和治理体系显著优势充分发挥的必然结果。当前，世界百年未有之大变局加速演进，人类命运共同体构建的任务更加艰巨与迫切。"世界怎么了、我们怎么办"？在世界之变、时代之变、历史之变中，世界迫切需要更多更强大的确定性力量，来科学回答世界之问、人民之问、时代之问，为处于历史十字路口的人类社会现代化进程指明前进方向。

实践证明，中国特色社会主义制度是以马克思主义为指导、植根中国大地、具有深厚中华文化根基、深得人民拥护的制度，是具有强大生命力和巨大优越性的制度。党的十八大以来，国家制度建设被放在前所未有的历史高度，当下，中国正处于实现中华民族伟大复兴关键时期，正在坚持和完善中国特色社会主义制度、推进国家治理体系和治理能力现代化上下更大功夫。世界上越来越多的人，对中国制度及其独特优势有了比较充分的认识了解，但也仍然有一些人，对中国特色社会主义制度不甚了解，甚至存在误解误读。在此背景下问世的"认识中国·中国基本制度"系列丛书，无疑能够及时回应国内国际关切，科学回答世界之问、时代之问、民心之问、道义之问。

中国特色社会主义制度是严密完整的科学制度体系，其中，起枝干作用的是中国特色社会主义根本制度、基本制度、重要制度，它们构建起国家制度和治理体系的总体框架，是中国特色社会主义制度的

"总纲"和"总遵循",是认识了解中国特色社会主义制度和国家治理体系必不可缺的部分。基于此,"认识中国·中国基本制度"系列丛书共分5册,分别是:《人民代表大会制度:全过程人民民主的重要制度载体》《多党合作与政治协商制度:中国式民主的伟大创举》《民族区域自治制度:民族团结和睦的根本保证》《基层群众自治制度:保障人民当家作主的有效途径》《一国两制:维护国家统一和领土完整的重要制度》。

人民代表大会制度是坚持党的领导、人民当家作主、依法治国有机统一的根本政治制度安排。《人民代表大会制度:全过程人民民主的重要制度载体》一书全面系统介绍了人民代表大会制度的形成、运作和发展的历史过程和生动实践,重点介绍了人大制度的独特优势和重要作用、宪法和人民代表大会制度的关系、人大选举制度、人大代表的履职和作用、立法制度和立法工作、人大监督制度和监督工作、人大及其常委会会议制度、人大对外交往等方面的基本情况。

在中国国家政治生活中,中国共产党领导的多党合作和政治协商制度、民族区域自治制度、基层群众自治制度这3个方面的制度作为基本制度,对于协调政党关系、解决民族问题、推进基层直接民主起到了基础性作用。它们是符合中国国情、具有独特优势和强大效能的制度创造。《多党合作与政治协商制度:中国式民主的伟大创举》一书,围绕这一新型政党制度是怎么来的、优势是什么、如何运行、如何发展完善、人民政协如何发挥作用等方面,作了介绍。《民族区域自治制度:民族团结和睦的根本保证》一书,围绕这一基本政治制度的形成、发展完善和实际运行,着重介绍了它的发展历程、主要内容、显著特点和成功实践。《基层群众自治制度：保障人民当家作主的有效途径》一书，全面系统介绍了独具中国特色的基层群众自治制度，包括基层群众自治制度的本质和核心、基本原则、组织形式，重点介绍了村（居）民的民主选举，村（居）民委员会组成、职责与运行机制，村（居）民会议，村（居）务公开，城乡社区协商，村规民约和居民公约以及企事业单位民主管理制度等。

"一国两制"是中国共产党领导人民实现祖国和平统一的一项重要制度，是一个新生事物，是中国特色社会主义的一个伟大创举。"一国"是实行"两制"的前提和基础，"两制"从属和派生于"一国"并统一于"一国"之内。《一国两制：维护国家统一和领土完整的重要制度》一书，以制度为主轴，结合理论、历史和实践，分析了"一国两制"的起源和形成，介绍了"一国两制"在香港和澳门的巨大成功，论证了香港、澳门重新纳入国家治理体系的过程和基本标志，梳理了党中央对台大政方针政策的发展演变，并对"一国两制"的历史定位和世界价值进行了深入探讨，对于2019年以来香港政治形势的发展变化也有专门分析和介绍。

了解一国制度，不但要知其然，还要知其所以然。这套丛书，紧紧围绕几个重要问题展开：中国制度为什么好？中国制度为什么行得通？中国制度的优势在哪里？通过历史溯源、制度演进、经验介绍、案例分析、延伸阅读等，全面系统地介绍中国基本制度的历史经纬、形成发展与成功实践的历史史实，使广大读者能够进一步了解中国制度的优越性，并从中深刻体会中国力量、中国精神，找出"中国之治"、中国方案踔厉笃行的基因密码。

这套丛书，大处着眼，细处着笔，文字通俗易懂，以立体、丰富的方式表现立体、丰富的中国制度故事和鲜活实践，把"大道理"融入"金句""延伸阅读""知识链接"等多种呈现方式之中，让"中国之治"具象化、动起来、活起来。这套丛书既适宜普通读者阅读，对专业研究人员也有参考价值，对于帮助大家了解"中国之制"和"中国之治"有一定的益处。希望它们能够在广大读者心中产生强烈共鸣。

目　　录

第一章
"一国两制"的起源和形成

　　维护国家统一和领土完整是贯穿古今的重大政治课题，也是人类面临的共同使命。中国自秦始皇统一中国时期开始就是一个统一的多民族国家，中华民族多元一体是中华民族和中国历史的经典模式。在漫长的历史长河中，实现国家统一一直是中华民族的不懈追求，是中国历史发展的重要主线和动力，无数仁人志士为实现国家统一而前赴后继地奋斗。在当今世界，实现祖国完全统一，更是中华民族根本利益所在，是全体中华儿女的共同愿望和神圣职责，是不可阻挡的历史潮流。

　　作为在人类政治文明史上拥有最为丰富的政治智慧的民族之一，中国人在探索实现国家善治、维护国家统一上拥有极为丰富的历史经验和伟大创造。近代以来，由于列强侵占侵略，中国内部纷争不绝，国土沦丧，导致国家未能完全统一。1949 年以来，中国共产党人领导中国人民为实现国家统一进行了艰苦奋斗，形成了大量关于实现祖国统一的宝贵思想和设想。1978 年 12 月中国共产党十一届三中全会以来，中国共产党提出了加紧社会主义现代化建设，争取实现包括台湾在内的祖国统一，反对霸权主义、维护世界和平的三大历史任务。在这一背景下，邓小平在毛泽东、周恩来等党和国家领导人实现国家统一探索的基础上，在探究解决台湾问题的过程中，创造性地提出"一个国家，两种制度"的科学构想。这一科学构想，反映了以邓小平同志为核心的第二代领导集体高超的政治智慧，为实现国家和平统一开辟了新道路，是邓小平理论的重要组成部分，是中国特色社会主义事业的重要组成部分。这一伟大构想首先用于解决香港、澳门问题。

第一节 香港、澳门问题的由来

作为中国的重要组成部分，香港、澳门同祖国命运紧密相连。19世纪中叶以来，尚处于农业文明时代的中国逐步受到用工业文明武装起来的西方列强的侵略，主权不断流失、国土逐步沦丧，沦为半封建半殖民地国家。香港、澳门也分别被英国、葡萄牙占领。因此，香港、澳门问题是英国、葡萄牙殖民主义者侵略中国造成的历史遗留问题。中国历届政府都为收回香港、澳门作出了努力。中国共产党成立后，领导中国人民进行了艰苦卓绝的斗争，建立了中华人民共和国，第一次使得近代中国人拥有了完全独立自主的新国家，中国人民从此站起来了，中国人民维护国家统一的决心和行动自此有了强大国家作为坚强后盾。20世纪80年代，中国决心收回香港、澳门。在邓小平提出的"一国两制"方针指导下，中国政府分别与英国政府和葡萄牙政府进行了关于香港问题和澳门问题的谈判。1997 年 7 月 1 日和 1999 年 12 月 20 日，香港、澳门先后回到祖国的怀抱，结束了西方列强长期侵占中国领土的屈辱历史，中国人民在实现国家完全统一上迈出了重大步伐，取得历史性突破。

（一）香港、澳门自古以来就是中国领土

香港自古以来就是中国的领土，秦汉以来先后属番禺县、宝安县、

东莞县、新安县管辖。香港特别行政区的区域范围包括香港岛、九龙、新界和周围的 262 个岛屿。陆地总面积为 1106.34 平方公里，其中港岛 80.68 平方公里，九龙 46.94 平方公里，新界 978.72 平方公里。海域面积为 1648.69 平方公里。香港属亚热带气候区，但差不多有半年时间近似温带气候。冬季的温度可能跌至摄氏 10 度以下，夏季则往往回升至摄氏 31 度以上。雨量集中在 5 月至 9 月间，约占全年雨量的 80%。1840 年鸦片战争以后英国强占香港岛，后经《南京条约》(1842年)、《北京条约》(1860 年)、《展拓香港界址专条》(1898 年) 3 个不平等条约，香港岛、九龙和新界先后被"割让"或"租借"予英国。新中国成立后，我国政府对香港问题的基本立场是：香港是中国的领土，不承认帝国主义强加的 3 个不平等条约；对这一历史遗留下来的问题，将在条件成熟的时候通过谈判和平解决；未解决之前维持现状。2022 年底，香港总人口约为 740 万。

延伸阅读：香港地名的由来

关于香港地名的由来，说法有很多种，其中影响比较大的有三种。

其一：香港的得名与香料有关。宋元时期，香港在行政上隶属广东东莞。从明朝开始，香港岛南部的一个小港湾，作为转运南粤香料的集散港，因转运产在广东东莞的香料而出名，被人们称为"香港"。据称那时香港转运的香料，质量上乘，被称为"海南珍奇"，香港当地许多人也以种香料为业，香港与其种植的香料一起，名声大噪。这种香料还被列为进贡皇帝的贡品，并造就了当时鼎盛的制香、运香业。后来香料的种植和转运逐渐式微，但"香港"这个名称却保留了下来。

其二：香港是一个天然的港湾，附近有溪水甘香可口，海上往来的水手，经常到这里来取水饮用，久而久之，甘香的溪水出了名，这条小溪也就被称为"香江"，而香江入海冲积成的小港湾，也就开始被称为"香港"。有一批英国人登上香港岛时就是从这个港湾上岸的，他们也用"香港"命名整个岛屿。久而久之，香港就逐步成为通用的称呼。直到今天，"香江"仍然是香港的别称。

其三：因"香姑"而得名。据说，香姑是一位海盗的妻子，海盗死后，她就占据了这个小岛。久而久之，人们就用她的名字给这个小岛命名，称其为"香港"。

至于哪种说法为香港起源的真实说法，现在已经无法查证。但不管怎么样，香港的兴起主要是明清以来才有的事情。

澳门从秦代开始纳入中国版图，成为南海郡番禺县属的一部分，至宋代属香山县并沿用下来。1535 年（明嘉靖十四年），广州市舶司迁至澳门，澳门正式开埠并发展成为重要的对外贸易港口。16 世纪中叶以后，澳门被葡萄牙逐步占领。澳门特别行政区由澳门半岛、氹仔岛和路环岛组成。澳门半岛与氹仔岛之间通过澳氹大桥、友谊大桥和西湾大桥连接。氹仔岛与路环岛因填海而连为一体。澳门北靠亚洲大陆，南临广阔热带海洋，年平均气温22.6℃。冬季雨量较少，天气干燥。夏季气温较高，湿度大，降雨量充沛。每年 5 月至 10 月为台风季节。2022 年，澳门总人口约为 67.28 万人。澳门土地面积为 30 余平方公里。

延伸阅读：澳门地名的由来

澳门以前是个小渔村，最早称为"蚝镜"。澳门一带盛产蚝（即牡蛎），同时半岛南端有南北两湾，可以泊船，"规圆如镜"，所以半岛的南部就得名为蚝镜。半岛的北部被称为"望厦"，又叫"旺厦"。

据载，此地村民多于明初来自福建厦门，为了表示不忘本而取名。后为了文雅起见，改做濠镜、壕镜。后来，因半岛外有四岛，成十字门状，"澳"在明朝为供船只停靠的港湾之意，因得名为澳门。

澳门的英文名称源于妈祖，明嘉靖三十二年（1553年），葡萄牙人从广东地方政府取得澳门居住权，成为首批进入中国的欧洲人。当时葡萄牙人从妈祖阁附近登陆，向当地人询问这里的地名，因在妈阁庙旁，当地人便回答妈阁，于是澳门便被命名为Macau，英文作MACAO。

延伸阅读：《澳门记略》——第一本有关澳门的专著

1751年，清朝政府首任海防同知印光任和继任的海防同知张汝霖合作，写出了《澳门记略》一书。这是有关澳门的第一本专著。《澳门记略》分上下两卷，共6万多字，另有图21幅。全书有形势篇、官守篇和澳蕃篇3篇。详细介绍了澳门的地理、历史、政治、经济、文化和在澳门留居的葡萄牙人的风俗习惯等。一经问世就引起了人们的广泛关注，一印再印，成为人们了解澳门的指南性读书。不久还入选《四库全书》。[1]

（二）香港、澳门被英国、葡萄牙侵占的过程

近代以来，香港和澳门被西方列强侵占的历史，是中国近代屈辱史的一个重要组成部分，甚至是中国近代屈辱史中最为惨烈的部分之一。在一个国家的历史上，没有什么比领土和人口被从母国剥离、被

---

[1] 陈昕、郭志坤主编：《澳门全记录》，上海：上海人民出版社，1999年11月第1版，第21页。

侵占、被纳入异国统治更为悲惨的了。

英国侵占香港过程

明朝和清朝是中国农业文明的顶峰时期，中国出口的茶叶、瓷器和丝绸在英国有着宽阔市场，而处于自给自足经济状态的中国对英国出口的商品则没有太大的需求。因此，在相当长的时间内，中英贸易中中国都处于顺差地位。完成工业革命之后，英国迅速崛起，亟须对外开拓市场。为了扭转对华贸易不利局面，英国开始对华进行鸦片贸易，牟取暴利。鸦片贸易给中国带来了巨大的经济损失，也给中国人的生命健康带来严重威胁，极大地削弱了中国的综合国力。1838年末，清政府任命林则徐为钦差大臣，命令其到广东查禁鸦片。1839年，林则徐不辱使命，在虎门销烟。

1840年6月，英国以虎门销烟为借口，悍然发动了第一次鸦片战争，出兵攻打广州。1841年1月，英军强行占领香港。此后，英国试图通过谈判将自己的侵略行为合法化，并要求中国割让香港岛，但遭到清政府拒绝。1841年8月，英国决定扩大战争，接连攻占了中国厦门、定海、镇海、宁波等地。1842年6月开始，英国继续对中国增兵，攻占上海、镇江，进一步威胁清政府。军事上节节败退的清政府被迫妥协求和。1842年8月29日，英国政府同清政府签订了我国近代史上第一个不平等条约《南京条约》，强行割让香港岛。区区一万多英国远征军的入侵，竟然迫使有80万军队的清朝政府割地赔款、割让香港岛。这是中华民族的奇耻大辱，也是国际关系中落后就要挨打的生动写照。

1856年，为了扩大在华利益，英国炮制"亚罗号事件"，并以此为借口发动第二次"鸦片战争"。1860年10月，英法联军攻入北京，火烧圆明园，强迫清朝政府签订《北京条约》，割让九龙半岛界限街以南的中国领土。

1898年6月，英国趁中国在中日甲午战争中失败，又强迫清政府缔结了《中英展拓香港界址专条》，把位于深圳河以南、九龙半岛界限街以北及附近岛屿的中国领土，即所谓"新界"，租借给英国，为期99年。1997年6月30日期满。英国通过三个不平等条约占领了整个香港地区，香港从此完全被英国控制。

葡萄牙侵占澳门过程

16世纪以来，处于殖民扩张上升期的葡萄牙急于开辟中国贸易市场，多次骚扰中国东南沿海，因为态度傲慢、炫耀武力、中国的闭关锁国政策等原因失败。此后葡萄牙改变策略，1553年，葡借口路遇风暴，上岛晾晒物资，通过贿赂当地官员的方式来到澳门，在此聚居和生活。地理位置方便和重要的澳门，很快就成了葡萄牙人在中国的主要聚集地。1582年（明万历十年），中葡签订澳门借地协约。澳葡每年向香山县缴纳地租500两白银。当时的明清政府允许其居留，并将居澳葡萄牙人的首领视为"番长"，负责管理居澳门葡萄牙人和部分中国商人。葡萄牙人一方面对清政府的管理采用恭顺和接纳的姿态，另一方面则修筑炮台、城墙，暗自储备武力。

1840年，鸦片战争爆发，两年后中国战败。已经衰落的葡萄牙认为有机可乘，向清政府提出免交租金、将整个澳门半岛划给葡萄牙等非法要求，清政府予以拒绝。1846年4月，澳督亚马留上任后推行一系列殖民统治政策。1846年5月，亚马留单方面宣布对澳门华籍居民征收地租、人头税和不动产税，把只对葡萄牙居民实行的统治权，扩大到华籍居民。从1849年开始，亚马留将清朝官员赶出澳门并捣毁清朝海关，停止向清政府缴纳地租银。亚马留的举动，激起了华籍居民的民愤。亚马留在同年8月22日被当众刺杀身亡。事件虽然平息，但葡萄牙政府以此为借口，拒缴地租，强占关闸，正式对澳门半岛实行占领。此后，又分别于1851年和1864年相继侵占凼仔岛与路环岛。此后，葡萄牙多次谋求澳门归其所有，清政府已经了解到葡萄牙国力衰落的事实，均未予理睬。

到了19世纪80年代，法国有觊觎澳门之意。中法战争爆发后，清政府开始关注到法国有可能从葡萄牙手中取得澳门。清政府评估如果法国取得澳门，其后果要比葡萄牙占领澳门对中国内地的破坏和渗透更加巨大，态度有所缓和。1886年，葡萄牙借清政府希望在澳门设立海关之际，提出与清政府签订条约。清政府派出海关税务总司赫德和澳门总督罗沙会谈。1887年12月，清政府和葡萄牙签订《中葡和好通商条约》，中国允许葡萄牙留驻和管理澳门以及属澳之地。此为澳门被葡萄牙占据的历史转折点，从此葡萄牙占领澳门一百多年。《中葡和好通商条约》是葡萄牙占据澳门三百多年来中国政府对澳门地位作出规定的第一个条约，也是迄今为止唯一的一个条约。

延伸阅读：澳门曾在中西文化交流中发挥重大作用

清初，澳门在沟通中西文化方面起着桥梁作用。清朝建立初期，就不断在澳门征求精于算术、天文、历法等方面的人士到钦天监任职，一些有才干的传教士如南怀仁等都通过澳门进入内地，为清政府服务。海禁政策解除后，一些在天文、数学、医学、美学等方面有一技之长的西方传教士纷纷通过澳门进入内地，带来不少西方科技新成果和新书籍，还带来了为康熙皇帝治病的金鸡纳霜等药物。从 1707 年开始，一些西方传教士还参加了当时中国规模最大的地图集《皇舆全览图》的测绘工作。1715 年经澳门来华的意大利传教士郎世宁与其他传教士一起，为圆明园设计建造了精美的欧式宫殿。当然，中国文化也通过澳门传向世界，一些传教士取道澳门回国时，往往带上大量中国书籍，如法国耶稣会士白晋 1694 年离澳回国时就带走了 300 多种中国书籍。中国医学巨著《本草纲目》就是通过澳门寄往欧洲。此时清政府已开放宁波等四口通商，澳门已不像明朝那样，是中西交通的唯一门户了。[2]

第二节 台湾问题的由来

"台湾"是中国领土神圣而不可分割的一部分。历史上的"台湾"一直处于中国的有效统治之下。近代以来，"台湾"曾被西班牙、荷兰、日本先后占领过。中国人民抗日战争胜利后，"台湾"重新回归中国。1949 年后，由于国民党集团内战失败退踞"台湾"，"台湾"与祖国大陆处于分离状态。但是中国政府和中国人民从未放弃过统一台湾的决心。

（一）台湾基本情况

地理概况。中国台湾地区，是指台湾当局实际控制下的台湾省（包括台湾本岛与兰屿、绿岛、钓鱼岛等附属岛屿及澎湖列岛），以及福建省的金门、马祖、乌丘等岛屿，陆地总面积 3.6 万平方公里。台湾

---

2 陈昕、郭志坤主编：《澳门全记录》，上海：上海人民出版社，1999 年 11 月第 1 版，第 18 页。

▲ 台北 101 大楼

地区行政区划包括：台北、新北、桃园、台中、台南、高雄等6个"行政院直辖市"，基隆、新竹、嘉义3市，新竹、苗栗、彰化、南投、云林、嘉义、屏东、台东、花莲、宜兰、澎湖、金门、连江（马祖）等13个县。

远古时代，台湾与大陆相连，后由于海面上升、地质变化，相连的陆地部分被淹没，形成台湾海峡，出现台湾岛。台湾海峡北通东海、南接南海，长约1300多公里，最宽处200公里，最窄处130公里。台湾是中国第一大岛，地处中国大陆的东南缘，西隔台湾海峡与福建相望。台湾岛上三分之二为高山和丘陵，东部多山脉，中部多丘陵，西部多平原。台湾岛有五大山脉、四大平原和三大盆地，分别是中央山脉、雪山山脉、玉山山脉、阿里山山脉和台东山，宜兰平原、嘉南平原、屏东平原和台东纵谷平原，台北盆地、台中盆地和埔里盆地。台湾主要河流有浊水溪、高屏溪、淡水溪、大甲溪、曾文溪。

台湾纵跨温带与热带，北回归线穿过中部，北部为亚热带气候，南部为热带气候，冬季温暖，夏季炎热，雨量充沛，常受台风侵袭。台湾岛上，植物超过 1 万种，被称为"天然植物园"，其中杉、红桧、樟、楠等名贵林木闻名于世；动物超过 2.5 万种，最著名的是蝴蝶，有 400 多种，因此被称为"蝴蝶王国"。[3]

历史概况。台湾自古即属于中国。台湾古称夷洲、流求。中国大量的史书和文献记载了中国人民早期开发台湾的情景。距今 1700 多年以前，三国时吴人沈莹的《临海水土志》等对此就有所著述，它们是世界上记述台湾最早的文字。公元 3 世纪和 7 世纪，三国孙吴政权和隋朝政府都曾先后派万余人去台湾（流求）。公元 610 年左右（隋朝大业年间），大陆沿海居民开始迁居澎湖。进入 17 世纪之后，中国人民在台湾的开拓规模越来越大。17 世纪末，大陆赴台开拓者超过 10 万人。至公元 1893 年（清光绪十九年）时，总数达到 50.7 万余户，254 余人。200 年间增长 25 倍。他们带去先进的生产方式，由南到北，由西及东，筚路蓝缕，披荆斩棘，大大加速了台湾整体开发的进程。这一史实说明，台湾和中国其他省区一样，同为中国各族人民所开拓所定居。台湾社会的发展始终延续着中华文化的传统，即使在日本侵占的 50 年间，这一基本情况也没有改变。台湾的开拓发展史，凝聚了包括当地少数民族在内的中国人民的血汗和智慧。

---

3 中共中央台湾工作办公室编：《中国台湾问题》（修订版），北京：九州出版社，2015 年 3 月第 1 版，第 1—2 页。

中国政府在台湾先后建立了行政机构，行使管辖权。早在公元 12 世纪中叶，宋朝政府即已派兵驻守澎湖，将澎湖地区划归福建泉州晋江县管辖。元朝政府在澎湖设置行政管理机构"巡检司"。明朝政府于 16 世纪中后期，恢复了一度废止的"巡检司"，并为防御外敌侵犯，增兵澎湖。1662 年（清康熙元年），郑成功在台湾设"承天府"。此后郑成功和其子郑经接续经营台湾至 1681 年去世。1683 年，康熙派大将施琅领兵进攻台湾，郑经之子郑克塽归顺清朝，台湾被清朝收归于中央政权统治之下。清朝政府逐步在台湾扩增行政机构，加强了对台湾的治理。1684 年（清康熙二十三年）设"分巡台厦兵备道"及"台湾府"，下设"台湾"（今台南）、"凤山"（今高雄）、"诸罗"（今嘉义）3 县，隶属福建省管辖。1714 年（清康熙五十三年），清政府派员测绘台湾地图，勘丈全境里数。1721 年（清康熙六十年），增设"巡视台湾监察御史"，改"分巡台厦兵备道"为"分巡台厦道"。尔后又增设"彰化县"和"淡水厅"。1727 年（清雍正五年），复改"分巡台厦道"为"分巡台湾道"（后又改为"分巡台湾兵备道"），增"澎湖厅"，定"台湾"为官方统一的名称。1875 年（清光绪元年），清政府为进一步经营和治理台湾，再增设"台北府"及"淡水""新竹""宜兰"3 县和"基隆厅"。1885 年（清光绪十一年），清政府正式划台湾为单一行省，任刘铭传为首任巡抚，行政区扩为 3 府 1 州，领 11 县 5 厅。刘在任内铺铁路，开矿山，架电线，造商轮，兴办企业，创设新学堂，把台湾社会经济文化的发展大大向前推进。

海峡两岸中国人为反对外国侵占台湾进行了长期不懈的斗争。15 世纪后期起，西方殖民主义者大肆掠夺殖民地。1624 年（明天启四年），荷兰殖民者侵占台湾南部。1626 年（明天启六年），西班牙殖民者入侵台湾北部。1642 年（明崇祯十五年），荷兰又取代西班牙占领台湾北部。两岸同胞为反对外国殖民者侵占台湾进行了包括武装起义在内的各种方式的斗争。1661 年（清顺治 18 年），郑成功率众进军台湾，于次年驱逐了盘踞台湾的荷兰殖民者。

　　1894 年（清光绪二十年），日本发动侵略中国的"甲午战争"。翌年，清政府战败，在日本威迫下签订丧权辱国的《马关条约》，割让台湾。消息传来，举国同愤。在北京会试的包括台湾在内的 18 省千余举人"公车上书"，反对割台。台湾全省"哭声震天"，鸣锣罢市。协理台湾军务的清军将领刘永福等和台湾同胞一起，与占领台湾的日军拚死搏斗。中国大陆东南各地居民为支援这一斗争，或捐输饷银，或结队赴台，反抗日本侵略。在日本侵占台湾期间，台湾同胞一直坚持英勇不屈的斗争。初期，他们组织义军，进行武装游击抵抗，前后达 7 年之久。继而，在辛亥革命推翻清政府后，他们又会同大陆同胞一道，先后发起十余次武装起义。20 世纪 20 至 30 年代，岛内反抗日本殖民统治的群众运动更加波澜壮阔，席卷全台。

　　1937 年，中国人民开始了全民族的抗日战争。中国政府在《中国对日宣战布告》中明确昭告中外：所有一切条约、协定、合同有涉及中日关系者，一律废止。《马关条约》自属废止之列。这一布告并郑重宣布：中国将"收复台湾、澎湖、东北四省土地"。中国人民经过 8 年艰苦的抗日战争，于 1945 年取得了最后的胜利，收复了失土台湾。台湾同胞鸣放鞭炮，欢欣鼓舞，祭告祖先，庆祝回归祖国怀抱的伟大胜利。国际社会公认台湾属于中国。中国人民的抗日战争是世界反法西斯斗争的一部分，得到了世界人民的广泛支持。在第二次世界大战中，为了反对德、日、意法西斯轴心国，中国与美国、苏联、英国、法国等结成同盟国。1943 年 12 月 1 日，中、美、英三国签署的《开罗宣言》指出："三国之宗旨，在剥夺日本自 1914 年第一次世界大战开始以后在太平洋所夺得或占领之一切岛屿，在使日本所窃取于中国之土地，例如满洲、台湾、澎湖列岛等，归还中国。"1945 年 7 月 26 日，中、美、英三国签署（后苏联参加）的《波茨坦公告》又重申："开罗宣言之条件必将实施"。同年 8 月 15 日，日本宣布投降，《日本投降条款》规定："兹接受中美英三国共同签署的、后来又有苏联参加的 1945 年 7 月 26 日的波茨坦公告中的条款"。10 月 25 日，同盟国中国战区台湾省受降仪式于台北举行，受降主官代表中国政府宣告：自即日起，台湾及澎湖列岛已正式重入中国版图，所有一切土地、人民、政事皆已置于中国主权之下。至此，台湾、澎湖重归于中国主权管辖之下。

延伸阅读：中美英三国开罗宣言（1943.12.1）

1943 年 11 月，中国、美国、英国召开开罗会议。会议结束后，开罗宣言于 1943 年 12 月 1 日公布于世。宣言从法律上明确了日本侵占台湾的非法性，确认了台湾是中国领土。主要内容如下：

三国军事方面人员，关于今后对日作战计划，已获得一致意见，我三大盟国决心以不松弛之压力，从海陆空诸方面加诸敌人。此项压力已经在增长之中。

我三大盟国此次进行战争之目的，在于制止及惩罚日本侵略。三国决不为自身图利，亦无拓展领土之意。三国之宗旨在剥夺日本自从 1914 年第一次世界大战开始以后在太平洋所夺得或占领之一切岛屿，在使日本所窃取于中国之领土，例如满洲、台湾、澎湖群岛等，归还中华民国。日本亦将被逐出其以武力或贪欲所攫取之所有土地，我三大盟国轸念朝鲜人民所受之奴隶待遇，决定在相当期间，使朝鲜自由独立。

我三大盟国抱定上述之各项目标并与其他对日作战之联合国家目标一致，将坚持进行为获得日本无条件投降所必要之重大的长期作战。

中华人民共和国成立以来，180 余个国家先后同中国建立了外交关系，它们都承认只有一个中国，中华人民共和国政府是中国的唯一合法政府，台湾是中国的一部分。

（二）台湾问题的由来

1945 年世界反法西斯战争和中国人民抗日战争取得伟大胜利后，台湾不仅在法律上而且在事实上已经归还中国。台湾问题是国民党政权发动反共、反人民内战遭到失败后退踞台湾，在外国势力的支持下，阻扰中国人民解放台湾而产生的。

抗日战争胜利后，中国向何处去？面临两种抉择。中国共产党坚决主张避免内战，促进国内团结，把中国建设成为独立、自由、民主、统一、富强的新中国。这一主张得到广大人民群众和民主党派的拥护。国民党统治集团逆历史潮流而动，依仗美国的支持，撕毁国共两党达成的《双十协定》《政协协议》和《停战协定》，悍然发动全国规模的反共反人民内战，因而丧尽民心，节节败退。

解放战争后期，特别是辽沈、平津、淮海三大战役后，蒋介石感到在大陆的败局已定，决定将台湾作为自己的栖身之所和"反攻大陆、复兴党国"的基地。为此，蒋介石作了一系列精心部署。其中就包括将中央银行库存的黄金、白银、美钞等几乎全部运到台湾，拉拢菲律宾、南朝鲜等反共政权，拼凑反共联盟等。1949 年，人民解放军横扫国民党在大陆的残余军力。10 月 1 日，中华人民共和国中央人民政府在北京宣告成立，标志着国民党政权灭亡。12 月 7 日，国民党当局宣布迁至台北。12 月 11 日，国民党中央党部也被迫迁台。

蒋介石统治集权退踞台湾后，继续打着"中华民国"旗号，维护所谓"代表全中国"的政治体制，抗拒统一，图谋反攻大陆。当时，中国人民解放军正要着手解放台湾，国民党统治集团处于风雨飘摇之中。1950 年 6 月 25 日，朝鲜战争爆发，美国军队进入台湾和台湾海峡地区，阻挠中国人民解放军解放台湾，从政治上、经济上、军事上扶持国民党政权，形成台湾与大陆对峙的局面，台湾问题由此产生。

第二次世界大战后，在当时东西方两大阵营对峙的态势下，美国政府基于它的所谓全球战略及维护本国利益的考虑，曾经不遗余力地出钱、出枪、出人，支持国民党集团打内战，阻挠中国人民革命的事业。然而，美国政府最终并未达到它自己所希望达到的目的。中华人民共和国诞生以后，当时的美国政府本来可以从中国内战的泥潭中拔出来，但是它没有这样做，而是对新中国采取了孤立、遏制的政策，并且在朝鲜战争爆发后武装干涉纯属中国内政的海峡两岸关系。1950 年 6 月 27 日，美国总统杜鲁门发表声明宣布："我已命令第七舰队阻止对台湾的任何攻击"。美国第七舰队侵入了台湾海峡，美国第十三航空队进驻了台湾。1954 年 12 月，美国又与台湾当局签订了所谓《共同防御条约》，将中国的台湾省置于美国的"保护"之下。美国政府继续干预中国内政的错误政策，造成了台湾海峡地区长期的紧张对峙局势，台湾问题自此也成为中美两国间的重大争端。

台湾问题产生后，至今未能解决，主要原因是由于一些西方国家从自身的利益出发，不愿意看到一个统一、强大的中国出现在国际政治舞台上。这些国家对台政策的核心是将台湾作为其全球战略中的"一艘不沉的航空母舰"，阻扰中国政府解决台湾问题。

台湾问题是中国内战遗留的问题，与第二次世界大战后产生的东西德问题、南北朝鲜问题性质不同。二战期间的《开罗宣言》《波茨坦公告》等国际条约明确规定日本将台湾归还中国。1945 年世界反法西斯战争和中国人民抗日战争胜利后，当时的中国政府也于当年 10 月恢复了对台湾行使主权。1949 年 10 月 1 日，中华人民共和国中央人民政府成立，取代中华民国政府成为全中国唯一合法政府和在国际上的唯一合法代表。这是在同一国际法主体没有发生变化的情况下新政权取代旧政权，中国的主权和固有疆域并未由此而改变，中华人民共和国政府完全享有和行使中国的主权，其中包括对台湾的主权。

第三节 毛泽东、周恩来有关主张

"和平统一，一国两制"科学构想不是一天诞生的。古代中国政治实践中就有因地制宜、因俗而治、"北人北制、南人南制"等具有"一国两制"萌芽和雏形的历史经验。从 1949 年到 1976 年，毛泽东、周恩来等中央领导人为解决台湾问题进行了不懈努力，提出"和平解放台湾"的战略方针，为我们党解决台湾及其相关问题提供了科学的理论原则，对"一国两制"构想的提出具有重要的启迪意义。

中华人民共和国成立后，毛泽东等党和国家领导人的政策是武力解放台湾，后因为朝鲜战争爆发、美国政府介入而被迫搁置。1949 年 12 月，中共中央发表《告前线将士和全国台胞书》，提出 1950 年的任务是"解放台湾、海南岛和西藏"，"完成统一中国的事业"。

1950 年 5 月，人民解放军解放海南岛，并加紧进行解放台湾的准备。1950 年 6 月，朝鲜爆发内战。美国在新中国成立之初，承认中国对台湾的主权，并有意从中国内战中脱身。但在朝鲜内战爆发的第二天，即决定派兵对朝鲜进行武装干涉，同时派遣海军第七舰队侵入台湾海峡。1954 年 9 月，人民解放军炮击金门，引发"第一次台海危机"。

从 1955 年开始，中国共产党开始提出和平解放台湾主张。1955 年 4 月，周恩来率中国代表团出席亚非会议（"万隆会议"）期间发表声明指出："中国人民同美国人民是友好的。中国人民不要同美国打仗。中国政府愿意同美国政府坐下来谈判，讨论和缓远东紧张局势问题，特别是和缓台湾地区紧张局势问题。"这一声明得到美方响应。1955 年 5 月，周恩来在第一届全国人大常委会第十五次会议上宣布："中国人民解放台湾有两种可能的方式，即战争的方式和和平的方式。中国人民愿意在可能的条件下，争取用和平的方式解放台湾。"这是中国政府第一次公开提出和平解放台湾的主张。1956 年，中国共产党和中国政府进一步提出国共两党进行第三次合作，通过判断和平解放台湾。1956 年 1 月，毛泽东在最高国务会议上说："古人有言，不咎既往。只要现在爱国，国内国外一切可以团结的人都团结起来，为我们共同的奋斗目标奋斗。"毛泽东还说："国共已经合作了两次，我们还准备进行第三次合作。"

同年 9 月，中共八大政治报告申明："我们愿意用和平谈判的方式，使台湾重新回归祖国的怀抱，而避免使用武力。如果不得已而使用武力，那是在和平谈判丧失可能性，或者是在和平谈判失败以后。"当年，毛泽东、周恩来做促成同国民党和平谈判的工作，多次请有关人士向国民党转达和平谈判的主张，其中提出了意义重大的原则和政策：爱国一家，国共两党进行第三次合作。我们对台湾绝不是招降，而是要彼此商谈。台湾只要同美国断绝关系归还祖国，只要政权统一，其他一切都好办，都可以坐下来共同商量安排；台湾一切可照旧，可以实行三民主义，可以同大陆通商，可以派代表参加人民代表大会和政协全国委员会；台湾"何时进行民主改革和社会主义改造，则要取得蒋先生的同意后才做。"[4]

　　20 世纪中后期，美国政府一面加强对台湾的军事援助，一面加紧制造"两个中国"；台湾当局一面需要美国的庇护，另一方面仍图谋"反攻大陆"，既不愿接受美国"两个中国"的主张，也拒绝与中共进行和平谈判。从 1957 年起，美国拖延直至中断中美大使级会谈，同时纵容台湾当局骚扰破坏大陆沿海地区，使台湾海峡形势再次紧张起来。1958 年夏天，美国出兵黎巴嫩，英国出兵约旦，中东局势骤然紧张。同时，台湾当局乘机向大陆进行军事挑衅，使得台海形势更趋紧张。在这种错综复杂的形势下，中共中央 8 月 17 日决定炮击金门，以此支持中东人民解放斗争，教训美国，严惩台湾当局的军事挑衅。8 月 23 日，人民解放军以猛烈炮火轰击金门，引发"第二次台海危机"，震惊了整个世界，牵动了国际战略格局。此时的美国一方面调动美国军舰和飞机向台湾海峡集结、准备协防金门和台湾，另一方面要求恢复中美大使级会谈。9 月上旬，美国派军舰为向金门提供补给的国民党运输船队护航失败后，要求台湾当局从金门、马祖撤军，甚至公开宣布美国没有、也不想承担保卫金门等岛屿的法律义务。美国的态度是希望以此换取冻

4　中共中央台湾工作办公室编：《中国台湾问题》（修订版），北京：九州出版社，2015 年 3 月第 1 版，第 29—30 页。

结台湾海峡局面，从而制造"两个中国"。台湾当局为保住金门、马祖这两个"反攻大陆"的桥头堡，同时也为避免影响士气和政权稳定，不愿放弃金、马，还摆出一副不惜一切死守金门的强硬姿态。美台双方在金、马撤军问题上的争执愈演愈烈、矛盾上升。观察到这个复杂的局势后，同时为挫败美国制造"两个中国"的图谋，考虑将金、马留在蒋介石手里，并通过金、门保持与国民党的接触，继续争取与国民党通过谈判和平解决台湾问题。10月3日，毛泽东主持召开中共中央政治局常委扩大会议，决定"让金、马留在蒋介石手里"。这一决策意味着中共中央将原先收复金门、马祖再解放台湾的"两步走"，调整为"一揽子解决"台、澎、金、马问题。根据新的决策，中共中央决定暂时停止炮击金门，以没有美国军舰护航为条件，允许国民党军队运输供应品。

从1958年10月开始，毛泽东接连起草并发布《告台湾同胞书》《国防部命令》《再告台湾同胞书》《再告台湾同胞书稿》《三告台湾同胞书》等，详尽阐释对台主张。其主要内容包括：第一，坚持一个中国，反对"两个中国"。第二，完成祖国统一，是中国人民的神圣任务。第三，国共两党举行谈判，和平解放台湾。第四，严格区分台湾问题上的内政与外交的两种不同性质。第五，美帝国主义成了我们的共同敌人。第六，停止炮击金门，是为了对付美国人，以利台湾军队固守。这是民族大义。[5]

中共中央决定暂停炮击金门后，毛泽东于1958年10月13日约见有关人士，请其向台方转达和平解放台湾问题的主张。毛泽东谈道：

5　国务院台湾事务办公室编：《中国台湾问题外事人员读本》，北京：九州出版社，2006年11月第1版，第37—38页。

"只要蒋氏父子能抵制美国，我们可以同他们合作。""只要不同美国搞在一起，台、澎、金、马都可由蒋管，可管多少年，但要让通航，不要来大陆搞特务。""他们同美国的连理枝解散，同大陆连起来，枝连起来，根还是你的，可以活下去，可以搞你那一套。"台湾可以"照他们自己的方式生活"。如果美国断绝对台湾的援助，"我们全部供应。他的军队可以保存，我们不压他裁兵，不要他简政，让他搞三民主义。""他不来白色特务，我们也不去红色特务。"毛泽东这次谈话丰富和发展了和平解放台湾问题的思想，涵盖关于社会制度、军队、财政、经济、生活方式等方面的政策主张。[6]

炮击金门以后，中共中央在推动对台工作的过程中，进一步提出有关的重要原则和政策主张，进一步争取实现国共两党谈判。1960年5月22日，毛泽东主持召开中共中央政治局常委会议，研究对台工作，认为台湾宁可放在蒋氏父子手里，不可落到美国人手中，对蒋介石我们可以等待，解放台湾的任务不一定要我们这一代完成，可以留交下一代人去办；现在要蒋过来也有困难，逐步地创造些条件，一旦时机成熟就好办了。1961年6月13日，毛泽东会见印尼总统苏加诺谈到如果台湾回归祖国时说，台湾社会制度问题可以留待以后谈，"我们容许台湾保持原来的社会制度，等台湾人民自己来解决这个问题。"这是毛泽东第一次明确对外表示，台湾在与大陆统一的前提下，可以保持原来的社会制度。

1960年5月24日，周恩来将我们党自1958年炮击金门以来提出的一系列和平解决台湾问题的思想、政策和主张归纳为"一纲四目"。

---

6 中共中央台湾工作办公室编：《中国台湾问题》（修订版），北京：九州出版社，2015年3月第1版，第31—32页。

"一纲"即台湾必须统一于中国。"四目"为：一、台湾回归祖国后，除外交必须统一于中央外，所有军政大权、人事安排等委于蒋介石，陈诚、蒋经国也悉由蒋意重用；二、台湾所有的军队及经济建设一切费用不足之数，悉由中央政府拨付；三、台湾的社会改革可以从缓，必俟条件成熟并尊重蒋的意见，协商决定后进行；四、双方互不派特务，不做破坏对方团结之举。1963年1月，周恩来通过张治中将"一纲四目"告知台湾当局。

以毛泽东为核心的中国共产党的第一代中央领导集体为解决台湾问题、完成祖国统一大业建立了丰功伟绩。包括粉碎了台湾当局"反攻大陆"的图谋，挫败了美国制造"两个中国"的图谋，提出了和平解放台湾问题的重要思想、基本原则和政策主张，为解决台湾问题创造了重要条件，也为"和平统一、一国两制"基本方针的提出奠定了重要的思想基础、历史基础和实践基础。

第四节 邓小平提出"一国两制"过程

20世纪70年代末，国内国际形势发生深刻变化，为确立和平解决台湾问题的方针创造了新的有利条件。1978年12月，中国共产党十一届三中全会决定将党和国家工作的重心转移到经济建设上来，实行改革开放。同年，中美决定自1979年1月1日起建立外交关系。美国承认中华人民共和国政府是中国的唯一合法政府，并承认中国的立场，即只有一个中国，台湾是中国的一部分。同时，美国断绝与台湾当局所谓的"外交关系"、废除美台"共同防御条约"、从台湾撤军。在此背景下，以邓小平同志为核心的中央第二代领导集体从国家和民族的根本利益出发，确立了和平统一的大政方针，创造性地提出了"一个国家、两种制度"的科学构想。邓小平同志关于解决台湾问题的思想，后来逐步发展为"和平统一、一国两制"的基本方针。

1978 年 12 月，中国共产党十一届三中全会公报首次以"台湾回到祖国怀抱，实现统一大业"来代替"解放台湾"的提法。1979 年元旦，全国人大常委会发表《告台湾同胞书》，郑重宣布关于台湾回归祖国、实现祖国统一的大政方针。要点包括：第一，强调坚持一个中国的立场，反对台湾"独立"。这是我们与台湾当局"共同的立场，合作的基础"。第二，强调在解决统一问题时，一定要考虑台湾的现实情况，尊重台湾现状和台湾各界人士的意见，采取合情合理的政策和办法，不使台湾人民蒙受损失。第三，提出寄希望于 1700 万台湾人民，也寄希望于台湾当局。第四，提出首先应当通过中华人民共和国和台湾当局之间的商谈结束这种军事对峙状态，以便为双方的任何的一种范围的交往接触创造必要的前提和安全的环境。第五，提出双方尽快实现通航通邮，发展贸易，互通有无，进行经济交流。[7]《告台湾同胞书》是新时期中国共产党和中国政府对台方针政策的重要宣示，标志着对台方针政策的重大转变。

1980 年 1 月，邓小平提出 80 年代要做三件事：在国际事务中反对霸权主义、维护世界和平；台湾回归祖国，实现祖国统一；加紧经济建设。他还多次阐释在尊重台湾现实的基础上实现祖国和平统一的战略构想。

---

7 《全国人大常委会告台湾同胞书》（1979 年 1 月 1 日），出自中共中央台湾工作办公室编：《中国台湾问题配套资料》（修订版），北京：九州出版社，2015 年 3 月第 1 版，第 62—64 页。

延伸阅读：邓小平和香港的不解情缘

邓小平是"一国两制"科学构想的提出者。他对于香港问题的解决倾注了大量心血。早在 1977 年复出后，他便开始关注香港问题的解决。1988 年 9 月 5 日，他在会见捷克斯洛伐克总统胡萨克时说："我的最大愿望是活到 1997 年，因为那时将收回香港。"1990 年 1 月 18 日，在会见李嘉诚时邓小平再次表示："我活到 1997 年，就是要中国收香港之后，到香港自己的土地上，走一走，看一下。"但在香港回归的 4 个多月前，也就是 1997 年 2 月 19 日，邓小平逝世。邓小平生前曾 5 次途经香港。他第一次途经香港是在 1920 年。当时他 16 岁，乘坐经改装的货轮"鸯特莱蓬"号赴法国勤工俭学。当时的香港已经是中国沿海比较繁华的商埠。1929 年 7 月到 8 月间，邓小平化名邓斌带着党的六大决议案，秘密从上海经香港取道越南来到广西。此外的 3 次途经香港也是在 1949 年之前。1949 年之后，邓小平再也没有去过香港，邓小平离香港最近的一次，是 1992 年 1 月在深圳皇岗口岸。他站在深圳河大桥桥头，眺望对面的香港。当时他已经 88 岁。1997 年 7 月 1 日，邓小平提出的"一国两制"科学构想得到成功实践，中国政府收回香港主权。

1981 年 9 月 30 日，叶剑英同志对新华社记者发表谈话，进一步阐明解决台湾问题的方针政策（后来被称为"叶九条"）。其要点是：第一，建议举行国共对等谈判，实行第三次国共合作。第二，提出"通邮、通商、通航、探亲、旅游以及开展学术、文化、体育交流"的主张。第三，提出国家统一后，台湾可作为特别行政区，享有高度自治权，并可保留军队，台湾现行社会、经济制度不变，生活方式不变，同外国的经济、文化关系不变。私人财产、房屋、土地、企业所有权、合法继承权和外国投资不受侵犯。第四，提出台湾当局和各界代表人士，可担任全国性政治机构的领导职务，参与国家管理。

1982年1月11日，邓小平同志在一次谈话中说："九条方针是以叶副主席名义提出来的，实际上是一个国家，两种制度。"这是邓小平首次提出"一个国家，两种制度"的概念。1982年12月，全国人大五届五次会议通过《中华人民共和国宪法》，其中第31条规定："国家在必要时得以设立特别行政区。在特别行政区内实行的制度按照具体情况由全国人民代表大会以法律规定。"这一条所载明的"设立特别行政区"，指的就是实行"一国两制"。这就表明，实行"一国两制"有了宪法的保证。

1983年4月，党和国家形成关于解决香港问题的十二条基本方针政策，拟准备在统一的国家之内，国家主体实行社会主义制度，个别地区实行资本主义制度，长期不变。"十二条"包括：1.中国政府决定于1997年7月1日对香港地区恢复行使主权。2.恢复行使主权后，根据宪法第三十一条规定，在香港设立特别行政区，直辖于中央人民政府，享有高度自治权。3.特别行政区享有立法权，有独立的司法权和终审权。现行的法律、法令、条例基本不变。4.特别行政区政府由当地人组成。主要官员在当地通过选举或协商产生，由中央人民政府委任。原香港特区政府各部门的公务、警务人员可予留任。特别行政区各机构也可聘请英国及其他外籍人士担任顾问。5.现行的社会、经济制度不变，生活方式不变。保障言论、出版、集会、结社、旅行、迁徙、通信自由和宗教信仰自由。私人财产、企业所有权、合法继承权以及外来投资均受法律保护。6.香港特别行政区仍为自由港和独立关税地区。7.保持金融中心地位，继续开放外汇、黄金、证券、期货等市场，资金进出自由，港币照常流通，自由兑换。8. 特别行政区财政保持独立。9. 特别行政区可同英国建立互惠经济关系。英国在香港的经济利益将得到照顾。10. 特别行政区可以"中国香港"的名义，单独地同世界各国、各地区以及有关国际组织保持和发展经济、文化关系，签订协议。特别行政区政府可自行签发出入香港的旅行证件。11. 特别行政区的社会治安由特别行政区政府负责。12. 上述方针政策，由全国人民代表大会以香港特别行政区基本法规定之，50 年不变。这就意味着最先因为台湾问题而提出的"一国两制"将首先运用于香港回归祖国问题。

1983 年 6 月 26 日，邓小平在会见美籍华人学者时，进一步阐述了实现台湾和祖国和平统一的构想（后来被称为"邓六条"）。其要点是：第一，解决台湾问题的核心是祖国统一。和平统一已经成为国共两党的共同语言。希望国共两党共同完成民族统一，大家都对中华民族作出贡献。第二，不赞成台湾"完全自治"的提法。自治不能没有限度，既有限度就不能"完全"。"完全自治"就是"两个中国"，而不是一个中国。制度可以不同，但在国际上代表中国的，只能是中华人民共和国。第三，祖国统一后，台湾作为特别行政区，可以有其他省市所没有而为自己独有的某些权力，条件是不能损害统一的国家的利益。台湾特别行政区可以实行同大陆不同的制度，司法独立，终审权不须到北京。可以有自己的军队，只是不能构成对大陆的威胁。台湾自己管理台湾党政军等系统。大陆不派人去台，不仅军队不去，行政人员也不去。中央政府还要给台湾留出名额。第四，和平统一不是大陆把台湾吃掉，当然也不能是台湾把大陆吃掉，所谓"三民主义统一中国"是不现实的。第六，实现统一的适当方式是举行国共两党平等会谈，实现第三次国共合作，不提中央与地方谈判。双方达成协议后，可以正式宣布，但万万不可让外国插手，那样只能意味着中国还未独立，后患无穷。"邓六条"使"一国两制"的构想更加完备、充实，更加具体化、系统化。

邓小平同志是"一国两制"构想的提出者和倡导者，"一国两制"构想是邓小平理论的重要组成部分。"一国两制"构想最初是为解决台湾问题提出的，后来首先运用于解决香港、澳门问题。"一国两制"既体现了实现祖国统一、维护国家主权的原则性，又充分考虑到台湾、香港、澳门的历史和现实，体现了高度的灵活性，是祖国统一的最佳方式。实践证明，用"一国两制"方式完成祖国统一大业是正确的、可行的。

作为"一国两制"科学构想的提出者，邓小平同志展示出了非常高超的政治领导才华和卓越政治智慧，其对于中国国家统一的杰出贡献也将始终被中国人铭记，并永远载入中国史册。

第五节 "一国两制"基本内涵

"一国两制"科学构想的主要含义和基本内容是：在一个中国的前提下，国家主体实行社会主义制度，同时在香港、澳门和台湾保持原有的资本主义制度和生活方式长期不变。两种社会制度在一国之内和谐共存，既实现国家的统一、维护国家主权的原则性，又充分考虑香港、澳门和台湾的历史和现实，体现高度的灵活性，有利于国家和地区的发展。"一国两制"科学构想包含以下要义：

第一，一个中国。世界上只有一个中国，香港、澳门、台湾地区都是中国不可分离的一部分，中国的政权和领土完整不可分割，在国际社会上代表中国的唯一合法政府是中华人民共和国政府。这是国家和平统一制度安排的前提和基础。

第二，两制共存。在一个中国的前提下，国家的主体实行社会主义制度，香港、澳门、台湾地区保持原有的社会制度和生活方式不变，两种不同的社会制度在一个统一的国家里，长期并存。

第三，高度自治。香港、澳门回归后，设立直辖于中央人民政府的特别行政区，享有高度自治权，其中包括行政管理权、立法权、独立的司法权和终审权。两岸和平统一后，台湾地区作为特别行政区，将享有高度自治权，可以有自己的军队，党、政、军系统都由自己管理。

第四，和平统一。通过和平谈判的方式实现国家统一，这既是对香港、澳门和台湾历史和现状的尊重，也是维护国家稳定发展大局，加快国家现代化建设，维护港澳和台湾地区繁荣稳定的需要。对于台湾问题，我们尽最大努力争取和平统一，但不承诺放弃使用武力。这不是针对台湾同胞，而是针对国内外各种分裂势力。

不断推进"一国两制"事业，符合和平与发展的时代潮流，符合国家核心利益和香港、澳门、台湾地区根本利益。诚如邓小平所说："我们采取'一国两制，两种制度'的办法解决香港问题，不是一时的感情冲动，也不是玩弄手法，完全是从实际出发的，是充分照顾到香港的历史和现实情况的。"因此，"一国两制"并非权宜之计，是一项长远的战略选择，是一项基本国策。[8]

---

8 全国干部培训教材编审指导委员会编：《坚持"一国两制" 推进祖国统一》，北京：人民出版社，2019年2月第1版，第25—26页。

第二章
"一国两制"在香港和澳门的成功实践

"实践是检验真理的唯一标准。"政治构想和制度体系管不管用、是否先进，实践最有说服力。"一国两制"作为一项科学构想和制度体系在香港、澳门得到了成功实践。中国不但在既定时间里顺利完整地收回了香港和澳门，将香港和澳门重新纳入国家治理体系之中，还保持了香港和澳门的长期繁荣稳定，港澳居民的生活水平不断得到提高、各方面权利得到有效保障。

香港、澳门回归以来，中国政府坚持"一国两制"方针不动摇，严格依据中华人民共和国宪法和特别行政区基本法办事，中华人民共和国宪法和香港基本法、澳门基本法成为香港、澳门社会的根本遵循和最重要法治依托，为香港、澳门社会建立了宪制秩序、政治秩序、法治秩序、社会秩序，使得香港、澳门焕发出了巨大的生机活力。在实践中，"一国两制"方针也彰显了巨大的灵活性和适应性，在"一国两制"框架和制度体系之下，通过中国政府依法行使全面管治权、特别行政区行使高度自治权，可以有效化解特别行政区发展中出现的新问题新情况，推动"一国两制"实践取得新成就、新进展。这一切，充分说明了"一国两制"方针和制度体系是科学的、有效的。

金句

香港回归祖国，开启了香港历史新纪元。在祖国全力支持下，在香港特别行政区政府和社会各界共同努力下，"一国两制"实践在香港取得举世公认的成功。[1]

第一节 香港、澳门成功回归祖国

香港 1997 年 7 月 1 日回归祖国、澳门 1999 年 12 月 20 日回归祖国，极大地振奋了民族精神，是实现祖国完全统一伟大事业的重大进展，是 20 世纪中国和亚洲的伟大事件，必将永载中华民族史册，也为国际社会以和平方式解决国家间的历史遗留问题提供了新的范例。

（一）香港回归祖国

中华人民共和国成立后，中国共产党和中国政府始终关注香港和澳门，对于收回香港和澳门有着深远的战略考虑。在较长时间内，中国政府决定暂时不收回香港、澳门，确定了"长期打算、充分利用"的方针，并定期高质量向香港和澳门提供生活必需品和生产资源，加强港澳同内地的联系，并将港澳作为联系西方的通道，巩固新生的国家政权。按照 1898 年 6 月签订的《中英展拓香港界址专条》，"新界"租借给英国，为期 99 年。这一租期将在 1997 年 6 月 30 日届满。随着这一租期的临近，20 世纪 70 年代末，香港各界对于香港前途问题的关心增多。英国政府也通过外交渠道试探中国政府关于香港问题的底线和想法，解决香港问题逐步提上议事日程。

1　习近平：《在庆祝香港回归祖国 25 周年大会暨香港特别行政区第六届政府就职典礼上的讲话》（2022 年 7 月 1 日），《人民日报》2022 年 7 月 2 日。

　　1978年8月13日，中共中央决定成立中央港澳小组协助中央归口掌管港澳工作，并决定成立国务院港澳办公室作为中央港澳小组的办事机构。1981年12月，中共中央作出1997年7月1日收回香港的决定。中国政府就处理香港问题确定两条原则：一定要在1997年收回香港，恢复行使主权，不能再晚；在恢复行使主权的前提下，保持香港的稳定和繁荣。

　　1982年9月24日，邓小平会见来访的英国首相撒切尔夫人。面对撒切尔夫人提出的香港的繁荣有赖于英国的统治，如果现在对英国的管理实行或宣布重大改变，将对香港产生灾难性影响，强烈表示不能单方面废除有关香港的三个条约。对此，邓小平斩钉截铁地阐明了中国政府对香港问题的基本立场，指出主权问题不是一个可以讨论的问题，1997年中国将收回香港。在这个前提下，中英两国磋商解决香港如何过渡得好以及15年后香港怎么办的问题。这标志着中英关于香港问题的谈判拉开序幕。通过这次谈判，中方掌握了收回香港的主动权，解决香港问题的基本基调差不多就按照中国政府和中国人民的意志确定了下来。

　　1984年12月19日，中英两国政府经过22轮谈判后，在北京正式签署《中华人民共和国政府和大不列颠及北爱尔兰联合王国政府关于香港问题的联合声明》，确认中华人民共和国政府于1997年7月1日对香港恢复行使主权。中国政府还在联合声明中阐明以"十二条"为核心内容的对香港的基本方针政策。中英联合声明的签署，标志着香港进入回归祖国前的过渡期。在13年的过渡期内，中国政府坚定不移地遵循"一国两制"方针政策，紧紧依靠香港同胞，坚决排除各种干扰，有条不紊地推进对香港恢复行使主权的各项准备工作。

1985 年 4 月 10 日，第六届全国人大第三次会议决定成立中华人民共和国香港特别行政区基本法起草委员会，负责起草香港基本法。同年 7 月起草委员会开始工作，1990 年 2 月完成起草任务，历时四年零八个月。香港基本法的起草过程高度民主、开放，广大香港同胞积极参与起草工作。香港基本法体现了包括香港同胞在内的全体中国人民的共同意志，凝聚了广大中华儿女的集体智慧。

1990 年 4 月 4 日，第七届全国人大第三次会议通过《中华人民共和国香港特别行政区基本法》，同时作出设立香港特别行政区的决定。香港基本法是根据宪法制定的基本法律，规定了在香港特别行政区实行的制度和政策，是"一国两制"方针政策的法律化、制度化，为"一国两制"在香港特别行政区的实践提供了法律保障。邓小平高度评价香港基本法，称它是"具有历史意义和国际意义的法律"。

香港基本法颁布后，中国政府着手筹备成立香港特别行政区的工作。1993 年 7 月，全国人大常委会设立香港特别行政区筹备委员会预备工作委员会（预委会）；1996 年 1 月，全国人民代表大会香港特别行政区筹备委员会（筹委会）成立。预委会和筹委会为实现香港平稳过渡和政权顺利交接做了大量工作。

1997 年 7 月 1 日，在时任国家主席江泽民领导下，中国政府对香港恢复行使主权，香港特别行政区成立，香港基本法开始实施。香港进入了"一国两制"、"港人治港"、高度自治的历史新纪元。

（二）澳门回归祖国

相对于香港回归祖国的过程，由于中葡实力相差比较大、葡萄牙自身原因、澳门的规模更小等实际，澳门回归过程相对顺利一些。

1974 年，葡萄牙发生"四·二五"革命，推翻军人独裁政权，建立共和国。新政府实行非殖民地化政策，曾宣布放弃其所有海外殖民地，承认澳门是被葡萄牙非法侵占的，并首次提出把澳门交还中国。由于当时不具备适当的交接条件，时任总理的周恩来提出暂时维持澳门当时的状况。1976 年，葡萄牙总统安东尼奥·拉马尔霍·埃亚内斯出席联合国大会，与中国驻联合国代表黄华谈及中葡建交与澳门问题之事宜。经过商洽，1979 年 2 月 8 日，葡萄牙与台湾当局断绝邦交，1979 年 2 月 9 日与我国正式交换建交公报。中葡双方共同肯定澳门是中国领土，至于归还时间与细节将在适当时间由两国政府谈判解决。

在香港问题解决后，中国政府确定了解决澳门问题的三条基本方针：一是一定要在 2000 年以前收回澳门，恢复行使主权；二是在恢复行使主权的前提下，保持澳门的稳定和发展；三是恢复行使主权后，按照"一国两制"方针和宪法第三十一条的规定，在澳门设立特别行政区，继续实行资本主义制度。

1986 年 6 月 30 日，中葡两国政府在北京就澳门问题进行谈判，一共举行 4 轮谈判，至 1987 年 3 月 26 日，两国政府代表团就澳门政权交接安排达成共识。1987 年 4 月 13 日，中葡两国政府总理在北京正式签署了《中华人民共和国政府和葡萄牙共和国政府关于澳门问题的联合声明》，两国政府共同确认中华人民共和国政府将于 1999 年 12 月 20 日对澳门恢复行使主权。1987 年 6 月 23 日，六届全国人大常委会第二十一次会议通过决定，批准《中葡联合声明》。1988 年 1 月 15 日，两国代表在北京交接了联合声明的批准书，《中葡联合声明》正式生效。自此，澳门进入回归祖国的过渡期。

《中葡联合声明》包括主体文件及两个附件。主体文件共 7 条，主要内容为：澳门地区（包括澳门半岛、氹仔和路环）是中国的领土，中华人民共和国将于 1999 年 12 月 20 日对澳门恢复行使主权。恢复主权时，根据中华人民共和国宪法第三十一条的规定，在澳门设立特别行政区，直辖于中央人民政府；除外交和国防事务属中央人民政府管理外，特别行政区享有行政管理权、立法权、独立的司法权和终审权；特别行政区政府和立法机关由澳门当地人组成；澳门现行的社会、经济制度不变，生活方式不变，法律基本不变；葡萄牙和其他国家在澳门的经济利益将得到照顾。上述基本政策将由中华人民共和国全国人民代表大会以中华人民共和国澳门特别行政区基本法规定之，并在五十年内不变。

中葡两国政府由 1987 年 4 月 13 日正式签署《中葡联合声明》至 1999 年 12 月 20 日澳门政权移交期间的 12 年，被称为过渡期。在整个过渡期内，澳葡政府在中方的督促下，采取三大措施，确保澳门政权顺利交接，包括中文合法化、公务员本地化和法律本地化，合称"三化"。这对于顺利完成澳门回归、维护澳门同胞权利具有重要意义。

1988 年 9 月 5 日，七届全国人大常委会第三次会议决定成立中华人民共和国澳门特别行政区基本法起草委员会，负责澳门特别行政区基本法的起草工作。在起草委员会 48 名委员中，来自澳门的有 19 名。1993 年 3 月 31 日，八届全国人大一次会议审议通过澳门基本法。澳门基本法的总体结构和主要原则与香港基本法是一致的，但由于澳门在政治、经济、文化、历史等各方面都有其内在特点，许多规定是基于澳门实际制定的，具有澳门特色。

1998 年 5 月，全国人大澳门特别行政区筹备委员会成立。1999 年 4 月 10 日，澳门特别行政区第一届政府推选委员会成立（以下简称"推委会")。5 月 15 日，推委会第三次会议选举何厚铧为澳门特别行政区第一任行政长官。8 月 11 日，根据其提名，中央人民政府任命了澳门特别行政区第一届政府主要官员和澳门特别行政区检察长。1999 年 12 月 20 日，在时任国家主席江泽民领导下，中国政府对澳门恢复行使主权，澳门特别行政区成立，澳门历史进入新的纪元，中国人民在完成祖国统一大业中又迈出重要的一步。[2]

第二节 保持香港长期繁荣稳定

（一）香港经济保持繁荣

回归 26 年来，香港经济蓬勃发展，国际金融、航运、贸易中心地位稳固，创新科技产业迅速兴起，自由开放雄冠全球，营商环境世界一流，包括普通法在内的原有法律得到保持和发展，各项社会事业全面进步，社会大局总体稳定。香港作为国际大都会的勃勃生机令世界为之赞叹。2022 年，香港总人口约为 740 万，经济增长 3.5%，GDP 达到 3634 亿美元，人均 GDP 为 49464 美元。

香港是全球服务业主导程度最高的经济体之一，2020 年，香港服务业占 GDP 的 93.4%。根据世界贸易组织数据，2021 年，香港是全球第六大商品输出地，排名与 2020 年持平。据联合国贸易和发展会议 (UNCTAD)《2022 年世界投资报告》，香港于 2021 年吸纳的直接外来投资达 1407 亿美元，全球排第三位，排名仅次于美国 (3674 亿美元) 及中国内地 (1810 亿美元)。在对外直接投资流出方面，香港在

---

2 全国干部培训教材编审指导委员会组织编写：《坚持"一国两制"推进祖国统一》，北京：人民出版社、党建读物出版社，2019 年 2 月第 1 版，第 37—40 页。

▲ 繁荣的香港

全球排第七位，金额达 875 亿美元。首三位为美国 (4031 亿美元)、德国 (1,517 亿美元) 及日本 (1468 亿美元)。2021 年，以外来直接投资存量计，香港作为投资接收地的金额居全球第五位 (20222 亿美元)，仅次于美国、英国、荷兰及中国内地，而作为投资来源地的金额居全球第七位 (20823 亿美元)。

　　香港是全球离岸人民币业务枢纽。根据环球银行金融电讯协会 (SWIFT) 的资料，2021 年，香港是全球最大的离岸人民币结算中心，占全球人民币支付交易约 76%。截至 2021 年底，以市值计算，香港股票市场在亚洲排名第四，全球排名第七，总市值达 5.4 万亿美元。香港交易所的新股集资额达 423 亿美元，全球排名第四。

香港是亚太区重要的银行和金融中心。根据全球金融中心指数，香港是全球第三大金融中心。2021 年，香港国际机场是世界上最繁忙的国际航空货运机场。香港也是全球最繁忙的货柜港之一。2021 年，以货柜输送量计算，香港在全球排名第九。

香港凭借与中国内地以至全球各地的紧密联系、雄厚的科研实力、世界级的大学，正在迅速发展为创新及科技中心。根据世界知识产权组织公布的《全球创新指数 2021》，香港于全球排名第十四。

根据香港特区政府调查显示，在 2020 年底，香港吸纳的直接外来投资存量估计为 20363 亿美元。[3]

延伸阅读：回归 25 年香港经济巨变

2022 年是香港回归祖国 25 年。香港特区政府财政司司长陈茂波谈道：这 25 年间，香港本地生产总值（GDP）翻了一番，超过 2.8 万亿港元；在金融领域，1997 年的上市公司总市值为 3 万多亿港元，现在达到 40 多万亿港元；上市公司数目也从 1997 年的 600 多家到现在的 2500 多家。在贸易领域，香港商品贸易总额在 2021 年首次突破 10 万亿港元，在全球经济体中排名第六。[4]

延伸阅读：香港与中国内地的经济关系

香港是中国内地重要的转口港。据香港特区政府统计，2022 年，46% 的转口货物原产地为内地，而 57% 则以内地为目的地。

---

3 《香港经贸概况》，来源于：香港贸发局官网，https://research.hktdc.com/sc/article/MzIwNjkzNTY5。

4 《香港特区政府财政司司长陈茂波：香港发展站在历史新起点上》，《环球时报》2022 年 6 月 28 日。

据中国海关统计，香港是中国内地继美国、日本和韩国等之后的第五大贸易伙伴，2022年占全国贸易总额的5%。

香港是中国内地最大的海外直接投资来源地。截至2019年底，在中国内地获批准的外资项目中，47.4%与香港有关。来自香港的实际利用外资总额为11955亿美元，占全国的52.2%。

香港也是中国内地对外直接投资流出的主要目的地。据中国政府的统计数字，截至2020年，中国内地对香港的直接投资存量达14385亿美元，占对外直接投资流出56%。

另一方面，中国内地是香港的主要投资来源地。据香港政府统计处数字，截至2020年底，中国内地在香港的直接投资存量，以市值计算达4992亿美元，占所有来源地的27.1%。

香港也是中国内地企业重要的离岸集资中心。截至2021年底，在香港上市的内地企业有1368家，其中包括H股、红筹股及民营企业，总市值约为4.3万亿美元，占市场总值的79%。自1993年，内地企业通过发行股票在香港集资超过10191亿美元。

2014年11月，沪港通推出，成立沪港股票市场交易互联互通机制。这是中国开放资本市场迈向双向开放的重要一步。

2016年12月，深港通推出，其原则及设计大致与沪港通相似，为两地股市互联互通增添一条新渠道，有利巩固香港作为全球离岸人民币业务枢纽的发展。

2017年7月，香港与内地债券市场互联互通合作上线，以促进香港与内地债券市场共同发展。

2021年10月，粤港澳大湾区"跨境理财通"正式启动，让包括香港、澳门和广东省内九市居民可跨境投资粤港澳大湾区内银行销售的理财产品。[5]

延伸阅读：香港是国际化的大都市

香港是全球经济最开放的地区之一，实行低税率的简单税制，个人薪俸税超过免税额后按不同比例计征，最高不超过 17%，不考虑特殊抵扣情况的公司利得税的税率为 16.5%。特区政府财政稳健，2019 年底特区财政储备总额 11331 亿港元，外汇储备资产 4413 亿美元。香港现有三家发钞银行，分别是中国银行（香港）、汇丰银行和渣打银行。香港以维持币值稳定为货币政策基本目标，实行联系汇率制度，即维持 7.8 港元兑 1 美元。香港是全球跨国公司设立亚太区总部的首选之地。2019 年跨国企业驻港地区总部、地区办事处和当地办事处分别有 1541 家、2490 家和 5009 家。

国际金融中心：香港是全球主要银行中心之一，2019 年底香港金融管理局认可的银行业机构共 194 家，其中，持牌银行、有限制持牌银行和接受存款公司分别有 164 家、17 家和 13 家，银行体系认可机构资产总额 24.5 万亿港元。香港股市在全球具有较大影响力，2019 年底在香港交易所挂牌（主板和创业板）的上市公司达 2449 家，股票总市值达 38.2 万亿港元。2019 年股票市场总集资额达 4520 亿港元，其中 IPO 集资额 3129 亿港元，排名全球首位。香港是全球规模最大的离岸人民币业务枢纽、融资及资产管理中心，2019 年底香港银行体系人民币存款（含未偿还存款证）总额为 6580 亿元，贷款余额为 1537 亿元，2019 年经香港银行处理的人民币贸易结算

---

5 《香港经贸概况》，来源于：香港贸发局官网，https://research.hktdc.com/sc/article/MzIwNjkzNTY5。

总额为 5.4 万亿元。

国际贸易中心：香港是全球第八大贸易经济体，是全球成衣、钟表、珠宝、玩具、游戏、电子和某些轻工业产品的主要出口地之一。2019年香港货物贸易总额为 8.4 万亿港元，其中整体货物出口 4.0 万亿港元，货物进口 4.4 万亿港元。服务贸易总额为 1.4 万亿港元，其中服务输出 0.8 万亿港元，服务输入 0.6 万亿港元。

国际航运中心：香港是亚洲重要的海上运输枢纽，每周通常提供约 340 班货柜船服务到全球约 470 个目的地，2019 年集装箱吞吐量为 1836.4 万标准箱，位居全球货柜港第七位。香港国际机场是世界最繁忙的货运枢纽，也是全球十大最繁忙客运机场之一，每日通常提供超过 1100 班航班，前往全球约 240 个航点，包括约 50 个内地城市，2019 年香港机场航空货运量 480 万吨，航空客运量 7150 万人次。

两地经济交流合作：内地是香港最大的贸易伙伴，香港是内地最重要的贸易转口港，2019 年香港自内地进口 20581 亿港元，向内地出口 22109 亿港元。同时，香港和内地互为最大的外资来源地，2019 年内地对香港非金融类投资总额为 635.6 亿美元，占内地对外非金融类投资总额的 57.5%，吸引来自香港的投资 963 亿美元，占内地吸引外资总额的 69.7%。近年来，随着"沪港通""深港通""债券通"和基金互认等先行先试政策不断推出，两地资本市场互联互通渠道逐步增多，机制不断完善。当前，以参与"一带一路"建设、粤港澳大湾区建设等国家重大战略为引领，香港同内地优势互补、协同发展的机制不断完善，香港将更好融入国家发展大局。[6]

---

6 《香港经济概况》，来源于：中联办官网，http://www.locpg.gov.cn/xggk/2014-01/04/c_125956120.htm。

（二）香港居民权利和自由有了极大的发展

香港基本法赋予了香港居民广泛的民主权利和自由。根据香港基本法，香港特别行政区永久性居民依法享有选举权和被选举权；香港居民享有言论、新闻、出版、结社、集会、游行、示威的自由，以及基本法和香港特别行政区法律保障的其他权利和自由；《公民权利和政治权利国际公约》《经济、社会与文化权利的国际公约》和国际劳工公约适用于香港的有关规定继续有效，通过香港特别行政区的法律予以实施。香港基本法还规定，香港特别行政区居民中的中国公民依法参与国家事务的管理。非中国籍的香港特别行政区永久性居民也依法享有广泛的政治权利，包括选举权和被选举权。法律对香港居民的权益保障力度世所罕见。

（三）香港民主有了极大的发展

香港基本法规定了香港特别行政区民主制度的主要内容及未来发展的路径和原则。基本法第 45 条和第 68 条规定了香港特别行政区民主制度的核心内容及其发展所必须遵循的原则。基本法原附件一和附件二分别规定了香港回归后前十年行政长官和立法会产生的具体办法，以及 2007 年以后对行政长官和立法会产生办法的修改程序。1990 年 4 月 4 日与基本法同时通过的《全国人民代表大会关于香港特别行政区第一届政府和立法会产生办法的决定》，对香港特别行政区第一届政府和立法会的产生办法作出了具体规定。基本法第 45 条第 2 款规定，行政长官的产生办法根据香港特别行政区的实际情况和循序渐进的原则而规定，最终达至由一个有广泛代表性的提名委员会按民主程序提名后普选产生的目标；第 68 条第 2 款规定，立法会的产生办法根据香港特别行政区的实际情况和循序渐进的原则而规定，最终达至全部议员由普选产生的目标。这为香港特别行政区民主发展指明了"双普选"的方向。基本法第 2 条规定，全国人大授权香港特别行政区依照基本法的规定实行高度自治，享有行政管理权、立法权、独立的司法权和终审权。第 3 条规定，香港特别行政区的行政机关和立法机关由香港永久性居民依照基本法有关规定组成。第 104 条规定，香港特别行政区行政长官、主要官员、行政会议成员、立法会议员、各级法院法官和其他司法人员在就职时必须依法宣誓拥护中华人民共和国香港特别行政区基本法，效忠中华人民共和国香港特别行政区。这些规定体现了邓小平同志强调的"相信香港的中国人能够治理好香港""必须由以爱国者为主体的港人来治理香港"的精神，明确了"港人治港"的界线和标准。实行"一国两制"下的"港人治港"、高度自治，由爱国的香港人治理香港，这是香港最大的民主。

中央政府坚决贯彻落实"一国两制"方针和基本法，支持香港特别行政区依法有序发展民主。按照基本法原附件一和附件二的规定，香港特别行政区 2002 年选举产生了第二任行政长官，1998 年、2000 年、2004 年分别选举产生了第一届、第二届、第三届立法会，民主成分不断增加，基本法规定的香港回归后前十年的选举安排得到全面落实，香港特别行政区民主得以成功实践。2004 年 4 月 6 日，全国人大常委会通过《关于〈中华人民共和国香港特别行政区基本法〉附件一第七条和附件二第三条的解释》，明确 2007 年以后如需对香港特别行政区行政长官和立法会产生办法进行修改应遵循的法定程序，为香港回归十年后上述两个产生办法进一步扩大民主成分，直至实现"双普选"，提供了操作性程序。中央政府按照这一程序为推动香港特别行政区民主向前发展作出重大努力。尽管一再遇到干扰和阻挠，中央政府支持香港特别行政区民主发展的立场从未动摇，努力从未停止。香港特别行政区成立至2022年，依法举行了五次行政长官选举和七次立法会选举，

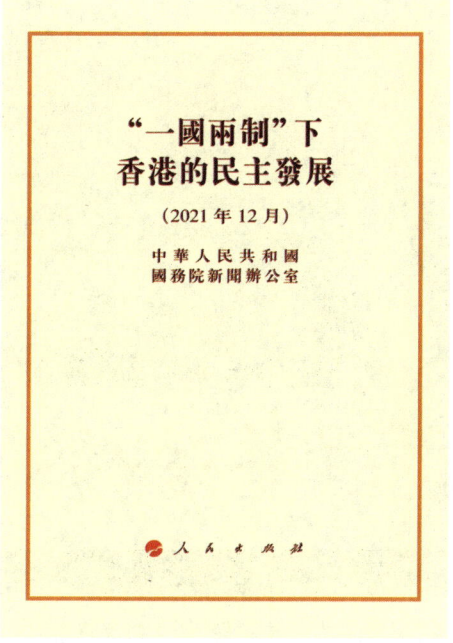

▲ 2021年12月，中国政府发布《"一国两制"下香港的民主发展》白皮书。

行政长官和立法会产生办法的民主成分持续增加。香港全体永久性居民依法享有的选举权和被选举权得到充分保障。香港回归后，全体居民的政治参与渠道和空间大大拓展，享有的民主权利前所未有，香港民主发展取得了全方位的重大成就。

金句

制定香港国安法，建立在香港特别行政区维护国家安全的制度规范，修改完善香港选举制度，确保了"爱国者治港"原则得到落实。香港特别行政区的民主制度符合"一国两制"方针，符合香港宪制地

▲ 香港市民在铜锣湾街头支持实施香港国安法。新华社记者 王申 摄

位，有利于维护香港居民民主权利，有利于保持香港繁荣稳定，展现出光明的前景。[7]

延伸阅读：邓小平论爱国者治港

1984年6月，邓小平在会见香港人士时表示：港人治港有个界线和标准，就是必须由以爱国者为主体的港人来治理香港。未来香港特区政府的主要成分是爱国者，当然也有要容纳别的人，还可以聘请外

---

7 习近平：《在庆祝香港回归祖国25周年大会暨香港特别行政区第六届政府就职典礼上的讲话》（2022年7月1日），《人民日报》2022年7月2日。

国人当顾问。什么叫爱国者？爱国者的标准是，尊重自己民族，诚心诚意拥护祖国恢复行使对香港的主权，不损害香港的繁荣和稳定。只要具备这些条件，不管他们相信资本主义，还是相信封建主义，甚至相信奴隶主义，都是爱国者。我们不要求他们都赞成中国的社会主义制度，只要求他们爱祖国，爱香港。[8]

延伸阅读：中央捍卫"一国两制"方针 维护国家安全

近年来，外部敌对势力牵制、遏制中国发展的行径愈演愈烈，"一国两制"在香港实践的内外环境日趋复杂。反中乱港势力不断挑战宪法和基本法的权威，以夺取香港特别行政区管治权、实施"颜色革命"为目的，肆无忌惮挑战"一国两制"原则底线，冲击香港特别行政区宪制秩序，企图将香港特别行政区民主发展引入歧途。中央政府坚决捍卫国家主权，维护"一国两制"。

一是制定实施香港国安法为民主发展提供基本条件。2020年5月28日，第十三届全国人民代表大会第三次会议通过《关于建立健全香港特别行政区维护国家安全的法律制度和执行机制的决定》，对建立健全香港特别行政区维护国家安全的法律制度和执行机制提出原则要求，授权全国人大常委会就此制定相关法律，切实防范、制止和惩治与香港特别行政区有关的严重危害国家安全的行为和活动。6月30日，全国人大常委会通过香港国安法，并决定将该法列入基本法附件三。该法对与香港特别行政区有关的分裂国家、颠覆国家政权、组织实施恐怖活动和勾结外国或者境外势力危害国家安全等犯罪及其处罚作出

---

8 邓小平：《一个国家，两种制度》，出自《邓小平文选》（第三卷），北京：人民出版社，1993年10月第1版，第61页。

了规定，建立健全了国家和特别行政区两个层面维护国家安全的执行机制，并从国家安全的角度进一步明确了参选或者就任香港特别行政区有关公职的资格和条件。香港国安法的制定实施，筑牢了特别行政区维护国家安全的法律制度屏障，有力打击了"港独"激进势力的嚣张气焰。

二是明确香港特别行政区公职人员参选、任职和就职宣誓等规矩。针对第六届立法会议员就职宣誓时发生严重侮辱国家和民族的情况，2016年11月7日，全国人大常委会作出《关于〈中华人民共和国香港特别行政区基本法〉第一百零四条的解释》，明确拥护中华人民共和国香港特别行政区基本法、效忠中华人民共和国香港特别行政区是参选或者出任香港特别行政区有关公职的法定要求和条件；阐明了"就职时必须依法宣誓"的含义，明确了依法宣誓的法律效力及其法律责任，为立法会议员等公职人员就职宣誓定下了规矩，为阻止反中乱港势力通过选举进入香港特别行政区政权架构加固了法律屏障。为解决由此引发的个别议员延任资格争议，2020年11月11日，全国人大常委会通过《关于香港特别行政区立法会议员资格问题的决定》，明确立法会议员因宣扬或者支持"港独"主张、拒绝承认国家对香港拥有并行使主权、寻求外国或者境外势力干预香港特别行政区事务，或者具有其他危害国家安全等行为，不符合拥护中华人民共和国香港特别行政区基本法、效忠中华人民共和国香港特别行政区的法定要求和条件，一经依法认定，即时丧失立法会议员资格。

三是完善香港特别行政区选举制度。2021年3月，全国人大及其常委会通过新的基本法附件一《香港特别行政区行政长官的产生办法》和附件二《香港特别行政区立法会的产生办法和表决程序》。这次完善香港特别行政区选举制度主要有三个方面内容。第一，重新构建选举委员会，扩大规模、增加界别、优化分组、完善职能。选举委员会的规模由原来的 1200 人扩大到 1500 人，组成由原来的四大界别扩大为五大界别，每个界别 300 人。增加了第五界别"港区全国人大代表、港区全国政协委员和有关全国性团体香港成员的代表界"。完善和扩大了选举委员会的职能，保留选举委员会选举产生行政长官人选的职能，恢复选举委员会选举产生部分立法会议员的职能，增加选举委员会参与提名立法会议员候选人的职能。第二，规定了行政长官和立法会的产生办法。基本保留原来的行政长官选举制度，在提名机制等方面有所调整，以确保行政长官必须由中央政府信任的、坚定的爱国者担任。改革立法会选举制度，更好地平衡香港社会的整体利益、界别利益和地区利益，对立法会选举的提名、选民资格、选举方式等作出了具体规定。第三，完善候选人资格审查制度。设立候选人资格审查委员会，对参加选举委员会选举、行政长官选举和立法会选举的候选人进行资格审查，确保"爱国者治港"原则全面落实。[9]

第三节 保持澳门长期繁荣稳定

回归祖国以来，澳门经济社会快速发展。澳门人口从 1999 年的 42 万增长到 68 万。澳门实行资本主义制度，是国际自由港、世界旅游休闲中心、世界四大赌城之一，是世界人口密度最高的地区之一，也是全球发达、富裕的地区之一。根据澳门特区统计暨普查局资料，

---

9 国务院新闻办：《"一国两制"下香港的民主发展》，北京：人民出版社，2021年 12 月第 1 版。

2021 年澳门全年地区生产总值为 2394 亿澳门元（299 亿美元），人均生产总值为 350445 澳门元（43774 美元）。扣除物价因素，全年本地生产总值同比实际增长 18.0%。

上世纪 80 年代以来，澳门经济形成了博彩、建筑地产、金融保险和加工制造四个支柱产业（占 GDP 的比重达到 5% 以上为支柱产业）。回归以来，加工制造业明显萎缩，商贸服务业（批发、零售、酒店、餐饮等）快速发展，取代了加工制造业成为新的支柱产业，博彩、建筑地产和金融保险继续保持支柱产业地位。澳门特区政府 2001 年提出"以旅游博彩业为龙头、以服务业为主体，带动其他行业协调发展"的基调，此后采取了大量措施促进澳门经济适度多元发展，取得了一些成就。当前，澳门轻工业、旅游业、酒店业和娱乐场所异常发达。

回归之前，葡澳政府全部高级和绝大部分中级公务员职位由葡萄牙人士垄断，华人在政府中从事底层次的服务和技术工作，回归后，澳门华人充分当家作主，广泛享有澳门基本法规定的民主权利，彻底打破过去葡澳政府中华人被边缘化的局面，澳门特别行政区政府各层次公务员中，华人都占据着领导者地位、主体地位。

澳门社会文化高度繁荣。澳门的正式语文为中文和葡文。以中文为日常用语的居住人口约 94%，使用葡萄牙语的人口占 0.7%，其余人口使用英语及其他语言。澳门实行 15 年免费教育（从幼儿到高中教育阶段）。现有 10 所高等院校，包括公立的澳门大学、澳门理工学院、澳门旅游学院、澳门保安部队高等学校，以及私立的澳门科技大学、澳门城市大学、圣若瑟大学、澳门镜湖护理学院、澳门管理学院和中西创新学院。

澳门现有各种宗教组织和教徒团体 200 多个，其中天主教徒约 3

万人，基督教徒约 6000 人，巴哈伊教徒 2000 多人，其他教派人数较少。佛教、道教和信奉观音、妈祖等民间信仰也有相当群众基础。

西方文化与中国文化在澳门长期交融，形成建筑中西合璧、宗教和平共处、种族和谐相融等多元文化特色。澳门历史城区被联合国教科文组织列入世界文化遗产名录。

在澳门，中西习俗都受到尊重，为居民所接受。中国的节日如国庆节、春节、中秋节、清明节、端午节，葡萄牙的节日如葡国自由日、葡国国庆，以及西方的宗教节日如圣诞节、复活节等，都有公众假期。

社会团体在澳门发挥着重要作用，注册社团总数超过 6200 个，其中较有影响力的有澳门中华总商会、工会联合总会、街坊会联合总会、妇女联合总会、归侨总会、中华教育会等。

第四节 香港、澳门发展中面临的新情况

金句

当前，香港最大的民心，就是盼望生活变得更好，盼望房子住得更宽敞一些、创业的机会更多一些、孩子的教育更好一些、年纪大了得到的照顾更好一些。[10]

当然，"一国两制"在香港、澳门的实践取得巨大成功，但这并不意味着香港、澳门的发展就不存在任何问题，也不意味着"一国两制"已经完美无缺。任何一个地方的发展、任何一种制度的完善都是在不断解决新问题、适应形势变化的基础上取得的。

---

10 习近平：《在庆祝香港回归祖国 25 周年大会暨香港特别行政区第六届政府就职典礼上的讲话》（2022 年 7 月 1 日），《人民日报》2022 年 7 月 2 日。

对于香港而言，回归以来，在经济社会取得快速发展的同时，也逐步累积了不少问题。包括维护国家主权、安全、发展利益的制度还需完善，对国家历史、民族文化的教育宣传还有待加强，社会在一些重大政治法律问题上还缺乏共识。

香港经济发展也面临不少挑战。传统优势相对减弱，新的经济增长正在形成中或者尚未形成，产业的高度单一和空心化明显，制造业萎靡。社会贫富两极分化、阶层固化现象严重，社会结构呈现哑铃型，中产阶级占少数，而富人和穷人却占了很大的比例，尤其是穷人的比例最大。显示贫富差距的基尼系数已大大超过危险警戒线。上升通道狭窄，年轻人普遍感到生活压力巨大，对未来比较悲观。

香港住房问题非常突出。大量民众一家人长期居住在几平方米十几平方米不等的房子里，不少市民没有房子住，即使租房租金也异常昂贵。持续增长的高房价将香港社会分裂成有房者与无房者，住房问题日益异化为严重的社会问题、政治问题。有数据显示，在香港超过1100平方公里土地中，实际的土地开发程度为24.3%，住宅用地仅占6.9%。在未开发的75.7%的土地中，划作郊野公园的就占42%，就算为环保考虑不开发，还有300多平方公里可用。[11] 这种生态用地比例畸高严重挤压居民最基本的生存空间进而催高房价、剥夺年轻人的发展空间、扭曲经济社会结构、激化社会矛盾的现象是亟待改善的。但由于既得利益者的阻挠、问题政治化，大量本可开发的土地的开发仍遥遥无期。香港首任行政长官董建华曾提出每年增加8.5万套住房

---

11 《沉重的底色与扭曲的方向——香港修例风波背后的一些社会深层根源》，来源于：新华社，https://baijiahao.baidu.com/s?id=16437939255399955795&wfr=spider&for=pc。

的计划，但由于既得利益者的强烈阻挠和亚洲金融危机的冲击，计划最终失败。

延伸阅读：新六届香港特别行政区政府的新作为

2022年7月6日，上任不久的香港特区行政长官李家超出席任内首次立法会行政长官答问会。他透露，特区政府将尽快成立四个工作组，由司级官员带领。主要工作内容包括：1. 针对跨代贫穷，成立"弱势社群学生摆脱跨代贫穷行动小组"，由政务司司长带领，针对居住在劏房的弱势社群、初中学生等，推行扶贫方案，以精准扶贫计划去实行，政府主导，团结社会力量，制订指标；2. 成立"土地房屋供应统筹组"，由财政司司长带领，统筹所有土地发展、房屋供应相关的政策局及部门，以提速、提效、提量为目标；3. 成立"地区事项统筹工作组"，由政务司副司长带领，针对地区关心的议题，制订处理事项，在一到两个月内付出行动；4. 成立"公营房屋项目行动工作组"，由财政司副司长带领，负责督导公营房屋、兴建项目，在本届政府上任100天内，提交初步加快兴建公营房屋的工作建议。此后，有关工作有序推进。2022年10月19日，李家超发表新一届特区政府的首份施政报告。强调解决"住"的问题，是本届特区政府施政的重中之重，要在"住"的问题上让市民看到希望。他公布了多项土地房屋政策，包括5年内建3万个全新的"简约公屋"、轮候公屋时间"封顶"、提升公私营协作等。

这其中特别重要的是，长期以来，一些香港人尚未完全适应香港回归祖国的历史性变迁，对于"一国两制"的理解存在较大偏差，片面强调"两制"而轻视"一国"，甚至将其对立起来，在香港高度西方的舆论环境下以及反对派的操弄下，香港的任何问题都被推向内地，内地的一切都被妖魔化。加之中国实力不断增强，美国对于中国的打压和遏制不断强化，香港成为中美博弈的桥头堡，外部势力利用香港、干预香港以扰乱中国发展的行径进一步加剧。在这种内外错综复杂的关系背景下，香港社会泛政治化、精英西方化现象明显。一些反对派为了反对而反对，以阻扰、滞缓政府施政为主要目的，一些人甚至利用立法会等平台进行反对中国、从事"港独"等活动。这些无谓的反对，导致立法会空转，导致香港特区政府本来可以推出解决问题的施政屡屡难产，加剧了社会矛盾。

香港接连发生冲击社会秩序和法治秩序的非法事件。2014 年发生持续 79 天的非法"占领中环"活动，2016 年春节期间发生"旺角暴乱"，2019 年发生因修例引发的剧烈社会动荡。随着香港国安法的出台，爱国者治港原则的落实，香港维护国家安全的机制进一步强化，"一国两制"的基础进一步巩固，但尚有许多问题有待于香港特区政府去解决。

延伸阅读：香港修例风波

2018 年 2 月，香港居民陈同佳涉嫌在台湾期间杀害怀孕女友并潜逃回港。在香港被警方拘留期间，陈同佳对此供认不讳，但由于案发地点不在香港，证人与证物俱无，控方无法就杀人案提出起诉，只能控以处理"犯罪得益财物"罪。12 月 3 日，台当局就陈同佳在台湾涉嫌杀人案向其发出通缉令。为因应处理恶性杀人刑事案件的法律制度障碍，香港特区政府决定展开《逃犯条例》和《刑事互助事宜条例》修订工作，结果引发社会骚乱。从 2019 年 6 月开始，在外国势力的支持和推动下，社会骚扰不断升级，极端分子阻断交通，攻击香港立法会、警察总部、中央政府驻香港办事处等，袭击警察、路人和大陆在港人士。这种社会骚乱最后演变为一场"反政府""反中央""反内地"的大规模暴乱。此期间，香港政府和警方忍辱负重，临危不乱，坚定履行维护社会秩序职责。为了捍卫"一国两制"方针和基本法尊严、惩治"港独"、堵塞香港国家安全法律制度漏洞，2020 年 5 月 28 日，全国人大高票通过《关于建立健全香港特别行政区维护国家安全的法律制度和执行机制的决定》，授权全国人大常委会就建立健全香港特别行政区维护国家安全的法律制度和执行机制制定相关法律。2020 年 6 月 30 日，十三届全国人大常委会第二十次会议高票通过了《香港特别行政区维护国家安全法》，国家主席习近平签署第 49 号主席令予以公布。随着《香港特别行政区维护国家安全法》的制定实施，香港社会逐步实现由乱到治的转折。

金句

中央贯彻"一国两制"方针坚持两点，一是坚定不移，不会变、不动摇；二是全面准确，确保"一国两制"在香港的实践不走样、不变形，始终沿着正确方向前进。[12]

对于澳门而言，维护国家安全的机制在回归后比较早地建立了起来，澳门经济社会保持长期繁荣稳定。但也存在一些问题。首先，产业结构较为单一，博彩业"一家独大"，存在较大的经济安全隐患，经济适度多元化进程进展速度较慢、成效有限。2020 年以来，由于新

---

12 习近平：《在庆祝香港回归祖国 20 周年大会暨香港特别行政区第五届政府就职典礼上的讲话》（2017 年 7 月 1 日），《人民日报》2017 年 7 月 2 日。

冠肺炎疫情肆虐，澳门支柱产业旅游博彩业客源和收入大幅下降等原因，澳门 GDP 从 2019 年的 4347 亿澳门元，下降到 2021 年的 2394 亿澳门元，几乎是砍半。其次，当前特区政府在施政能力、廉洁自律、服务市民水平、发展经济能力等方面已经取得非常大的提高，但距离澳门经济社会发展需要和市民的期许，尚有一些距离，有待特区政府进一步提升管治能力。最后，澳门特区政府要进一步完善便民便商举措，吸引各方投资者。社会各界也要以更开放包容的思维方式，接纳世界各地的高端人才。

风好正是扬帆时，奋楫逐浪向未来。"一国两制"是有强大生命力的。中国共产党和中国政府实行"一国两制"的初心不会改变，决心不会动摇。当前，香港正处在从由乱到治走向由治及兴的新阶段，未来 5 年是香港开创新局面、实现新飞跃的关键期。澳门也处于推动提升政府管治能力和推动经济多元化发展的重要时期。相信随着"一国两制"的进一步实践，在香港、澳门特别行政区政府和市民的共同努力下，这些问题必将逐步得到解决。

第三章
香港、澳门重新纳入国家治理体系

    "一国两制"是在一个国家内部实行两种不同的社会制度，它的根本前提是一个国家，而不是两个国家，"两制"从属于"一国"。"一国两制"的提出，其根本目的在于两个方面：一是为了维护国家的统一和领土完整，一是保持特别行政区繁荣和稳定。前者是前提、核心目标，后者是重要目标。如果没有第一个目的，也就不存在第二个目的。作为一个科学构想和先进、灵活的制度体系，"一国两制"在香港、澳门的实行就意味着香港和澳门的回归，也意味着香港和澳门被纳入了国家治理体系，属于国家制度架构、国家权力结构和国家政权体系的一部分。港澳回归后已经逐步融入国家发展大局和中华民族伟大复兴壮阔征程，走上了同祖国内地优势互补和共同发展的宽广道路。

金句

    香港回归祖国，重新纳入国家治理体系，建立起以"一国两制"方针为根本遵循的特别行政区宪制秩序。[1]

---

1 习近平：《在庆祝香港回归祖国 25 周年大会暨香港特别行政区第六届政府就职典礼上的讲话》（2022 年 7 月 1 日），《人民日报》2022 年 7 月 2 日。

第一节 特别行政区是享有高度自治权的地方行政区域

从秦始皇统一中国开始，中国就是一个中央集权的单一制国家。单一制是我国具有两千多年的宪制传统。当代中国仍旧是单一制国家。在政治学和法学的基本理论之中，在单一制国家，中央政府统一行使国家权力，并将一部分权力授予地方政府，地方政府接受中央政府的领导。地方政府本身并无任何固有权力，其一切权力来源于中央政府的授予。这一点，中国的宪法和基本法都规定得非常清楚。中华人民共和国宪法第 3 条规定："中央和地方的国家机构职权的划分，遵循在中央的统一领导下，充分发挥地方的主动性、积极性的原则。"第 110 条规定："地方各级人民政府对上一级国家行政机关负责并报告工作。全国地方各级人民政府都是国务院统一领导下的国家行政机关，都服从国务院。"香港基本法第一条规定："香港特别行政区是中华人民共和国不可分离的部分。"第十二条规定："香港特别行政区是中华人民共和国的一个享有高度自治权的地方行政区域，直辖于中央人民政府。"澳门基本法第一条规定："澳门特别行政区是中华人民共和国不可分离的部分。"第十二条规定："澳门特别行政区是中华人民共和国的一个享有高度自治权的地方行政区域，直辖于中央人民政府。"这就十分清楚地规定了中央与香港、澳门的关系。

香港、澳门是中国国家治理体系中的一个具有特殊地位的地方行政单元，受中央政府的直接领导。其一切权力来自全国人民代表大会的授权，全国人民代表大会是最高国家权力机关，属于广义的中央政府的重要组成部分。[2] 香港基本法和澳门基本法第二条都规定：全国人民代表大会授权香港/澳门特别行政区依照本法的规定实行高度自治，享有行政管理权、立法权、独立的司法权和终审权。这就说明了香港和澳门这些高度自治权力来自作为中国最高国家权力机关的全国人民代表大会的授予，而非其本身固有的。

当然，中国已经通过"一国两制"方针、中华人民共和国宪法和特别行政区基本法将高度自治权授予特别行政区。特别行政区享有了法定权力、法定地位，这些法定权力和法定地位是受到中国中央政府高度尊重的，是受到中华人民共和国宪法和特别行政区基本法保障的。作为一项庄严的政治承诺和法律规定，中国中央政府一直在"一国两制"的框架内，依据宪法和基本法对特别行政区依法进行管治，而不会侵犯特别行政区政府和人民的法定权利。

中华人民共和国宪法和特别行政区基本法规定了特别行政区享有广泛的权力，这些权力远远超过中国一般的省份，也超过一些联邦国家的州。但是，特别行政区依据这些法律规定行使权力，不得超越这些法律规定。而且无论是中华人民共和国宪法还是特别行政区基本法，都是全国人民代表大会制定的，是中国主权范围内的事情。这是特别行政区被纳入国家治理体系的重要含义之一。根据特别行政区基本法的规定，特别行政区享有的权利主要包括以下几个方面：

其一，特别行政区成立后，保持原有的资本主义制度和生活方式50年不变。特别行政区境内的土地和自然资源属于国家所有，由特别

---

2 在当代中国，狭义的中央人民政府指的是国务院。广义的中央人民政府则包括全国人大及其常委会、国务院、国家监察委员会、中央军委、最高人民法院、最高人民检察院等。

行政区政府负责管理、使用、开发、出租或批给个人、法人或团体使用或开发，其收入全归特别行政区政府支配。特别行政区原有法律，除同特别行政区基本法相抵触或经特别行政区的立法机关作出修改者外，予以保留。特别行政区保持财政独立。特别行政区的财政收入全部用于自身需要，不上缴中央人民政府。中央人民政府不在特别行政区征税。特别行政区拥有自行制定货币的权力，发行货币。实行贸易自由政策，保持单独关税区地位。可以"中国香港/澳门"的名义参加不以国家为单位参加的国际组织和国际会议。这些权力在世界绝大多数国家的地方政府或者说州政府中是没有的。

其二，在行政管辖权方面，特别行政区依照特别行政区基本法的有关规定自行处理特别行政区的行政事务。特别行政区自行制定有关教育、科学、文化、体育、宗教、劳工和社会服务等方面的政策。

其三，在立法权方面，特别行政区享有立法权。全国性法律除列于特别行政区附件三者外，不在特别行政区实施。凡列于特别行政区基本法附件三之法律，由特别行政区在当地公布或立法实施。

其四，特别行政区享有独立的司法权和终审权。特别行政区法院除继续保持原有法律制度和原则对法院审判权所作的限制外，对特别行政区所有的案件均有审判权。特别行政区法院对国防、外交等国家行为无管辖权。特别行政区法院在审理案件中遇有涉及国防、外交等国家行为的事实问题，应取得行政长官就该等问题发出的证明文件，上述文件对法院有约束力。行政长官在发出证明文件前，须取得中央人民政府的证明书。香港特别行政区法院审判案件时可参考其他普通法适用地区的司法判例，终审法院可根据需要邀请其他普通法适用地区法院参加审判。澳门特别行政区司法机关除各级法院外，还包括检察院，检察院独立行使法律赋予的检察职能，不受任何干涉。

第五，其他权力。特别行政区可享有全国人大和全国人大常委会及中央人民政府授予的其他权力。特别行政区居民中的中国公民依法参与国家事务的管理。此外，特别行政区基本法还专门设有居民的基本权利和义务一章，广泛地规定了当地居民享有的广泛权力和自由。

为了充分保障特别行政区的权利。特别行政区基本法还规定中央各部门、各省、自治区、直辖市如需在特别行政区设立机构，须征得特别行政区政府同意并经中央人民政府批准。中央各部门、各省、自治区、直辖市在特别行政区设立的一切机构及其人员均须遵守特别行政区的法律。中国其他地区的人进入特别行政区须办理批准手续，其中进入特别行政区定居的人数由中央人民政府主管部门征求特别行政区政府的意见后确定。

总之，这一切广泛赋予和保障了特别行政区政府和人民的权力和利益。但这一切都是在中国国家权力结构之下存在的，不能脱离由全国人民代表大会制定的中华人民共和国宪法和特别行政区基本法，不能脱离国家治理体系。正如习近平总书记说的："'一国'是根，根深才能叶茂；'一国'是本，本固才能枝荣。'一国两制'的提出首先是为了实现和维护国家统一。"[3] 香港和澳门回归以来，中国一直以国家政权和国家法律体系作为后盾，充分保障特别行政区政府和人民

3　习近平：《在庆祝香港回归祖国 20 周年大会暨香港特别行政区第五届政府就职典礼上的讲话》（2017 年 7 月 1 日），《人民日报》2017 年 7 月 2 日。

的权力和利益。过去这样做，未来也将这样做，永不动摇。

延伸阅读：特别行政区实行行政主导体制

特别行政区坚持实行行政主导体制，行政、立法、司法机关依照基本法和相关法律履行职责，行政机关和立法机关既互相制衡又互相配合，司法机关依法独立行使审判权。行政长官在特别行政区政权机构中具有主导地位，是特别行政区的首长，代表特别行政区。行政长官同时还是特别行政区政府的首长，依法履行基本法授予的领导特别行政区政府、负责执行基本法以及其他各项职权。其任期为 5 年，可以连任一次。

香港特别行政区政府设政务司、财政司、律政司和各局、处、署；澳门特别行政区政府设立行政法务司、经济财政司、保安司、社会文化司、运输工务司和各局、厅、处。特别行政区政府行使以下职权：制定并执行政策；管理各项行政事务；办理基本法规定的中央人民政府授权的对外事务；编制并提出财政预算、决算；拟定并提出法案、议案、附属法规；委派官员列席立法会并代表政府发言。

特别行政区立法会是特别行政区的立法机关，依法行使下列职权：依照法定程序制定、修改和废除法律；根据政府的提案，审核、通过财政预算；批准税收和公共开支；听取行政长官的施政报告并进行辩论；对政府的工作提出质询；就任何有关公共利益问题进行辩论；同意终审法院法官和高等法院首席法官的任免等。特别行政区各级法院是特别行政区的司法机关，依法独立行使审判权，终审法院行使特别行政区的终审权。

延伸阅读：基本法规定了行政长官广泛的权力

香港、澳门特别行政区实行行政主导体制。基本法规定了行政长官行使广泛的职权。比如，香港基本法第 48 条规定香港特别行政区行政长官行使下列职权：领导香港特别行政区政府；负责执行本法和依照本法适用于香港特别行政区的其他法律；签署立法会通过的法案，公布法律；签署立法会通过的财政预算案，将财政预算、决算报中央人民政府备案；决定政府政策和发布行政命令；提名并报请中央人民政府任命下列主要官员：各司司长、副司长，各局局长，廉政专员，审计署审计长，警务处处长，入境事务处处长，海关关长；建议中央人民政府免除上述官员职务；依照法定程序任免各级法院法官；依照法定程序任免公职人员；执行中央人民政府就本法规定的有关事务发出的指令；代表香港特别行政区政府处理中央授权的对外事务和其他事务；批准向立法会提出有关财政收入或支出的动议；根据安全和重大公共利益的考虑，决定政府官员或其他负责政府公务的人员是否向立法会或其属下的委员会作证和提供证据；赦免或减轻刑事罪犯的刑罚；处理请愿、申诉事项。澳门基本法第 50 条作了类似的规定。

第二节 国家治理体系和特别行政区回归的关系

（一）何为国家治理体系

任何一个主权国家都有国家政权体系、国家制度体系或者说国家治理体系。实际上，国家政权体系、国家制度体系和国家治理体系基本上是同义的。按照中国官方的定义，中国国家治理体系是在中国共产党领导下管理国家的制度体系，包括经济、政治、文化、社会、生态文明和党的建设等各领域体制机制、法律法规的安排，也就是一整套紧密相连、相互协调的国家制度。[4] 北京大学政治学者俞可平教授认为："国家治理体系就是规范社会权力运行和维护公共秩序的一系列制度和程序。它包括规范行政行为、市场行为和社会行为的一系列制度和程序，政府治理、市场治理和社会治理是现代国家治理体系中三个最重要的次级体系。更进一步说，国家治理体系是一个制度体系，分别包括国家的行政体制、经济体制和社会体制。"[5] 政治学者戴长征教授认为："中国国家治理体系从不同角度看，可以有不同的概括。从国家治理的范围上看，应该包括政府治理体系、社会治理体系和市场治理体系等方面；从国家治理的内容上看，应该包括常态治理体系、特殊治理体系——譬如国家间关系的治理体系，以及危机治理体系等。"[6] 从最一般化的定义来看，国家治理体系指的就是国家政权体系和国家制度体系，是由宪法和法律构成的宪制秩序、政治秩序和法律秩序。

作为现代国家，主权是核心构成要素之一。既然有主权，就必须有一整套实现主权的国家治理体系，否则主权的实现就无从谈起。国家治理体系是主权国家实现对内最高统治权、对外自由处理外交政策的根本依托，是主权国家维护自身主权的根本依靠，是国家之所以成为国家的核心标志之一，是国家秩序得以存在、国家和民族得以发展的最基本依靠。一个国家无论实行何种政治制度、国家制度，其之所以成为

4　习近平：《切实把思想统一到党的十八届三中全会精神上来》（2013 年 11 月 12 日），出自：《习近平谈治国理政》，北京：外文出版社，2014 年 10 月第 1 版，第 91 页。

5　俞可平：《衡量国家治理体系现代化的基本标准》，《北京日报》2013 年 12 月 9 日。

6　戴长征：《中国国家治理体系与治理能力建设初探》，《中国行政管理》2014 年第 1 期第 10 页。

一个国家，一个重要原因在于其形成了一套国家治理体系。如果一个地方不在国家治理体系之内，那么就意味着那个地方尚处于分裂状态。

（二）特别行政区回归后即成为国家治理体系一部分

从回归那一刻起，香港、澳门就成了国家治理体系中不可分割的一部分，其必然是中国行使主权的范畴。香港和澳门被重新纳入国家治理体系，和中国恢复对香港和澳门行使主权是一致的。只有行使了主权，才能将其纳入国家治理体系。也只有纳入了国家治理体系，行使主权才不至于是一句空话。如果将两者割裂，那恢复主权就是一句空话。自回归之日起，中央拥有对香港和澳门特别行政区的全面管治权，既包括中央直接行使的权力，如特别行政区创制权、特区政府组织权、基本法制定修改解释权、外交事务权、防务权等，也包括授权香港特区依法实行高度自治。特别行政区的高度自治权也只有在国家治理体系存在的前提下存在，没有国家治理体系，特别行政区的高度自治权也就失去了根基。反过来说，特别行政区的高度自治权有效运行，也是国家治理体系存在并有效运行的重要标志。

对于特别行政区作为国家治理体系部分这一点，中央政府多次宣示。国家主席习近平指出：“作为直辖于中央政府的一个特别行政区，香港从回归之日起，重新纳入国家治理体系。中央政府依照宪法和香港特别行政区基本法对香港实行管治，与之相应的特别行政区制度和体制得以确立。”[7]《“一国两制”下香港的民主发展》（2021年12月）白皮书明确指出：“香港回归祖国后纳入国家治理体系，中央政府坚

7　习近平：《在庆祝香港回归祖国20周年大会暨香港特别行政区第五届政府就职典礼上的讲话》（2017年7月1日），《人民日报》2017年7月2日。

决贯彻落实'一国两制'方针和基本法，支持香港特别行政区依法有序发展民主。"[8]十三届全国人大常委会委员长栗战书也指出："香港、澳门回归祖国后，香港特别行政区、澳门特别行政区被纳入到国家统一的治理体系，成为整个国家治理体系的重要组成部分。"[9]

第三节 中央政府依法对特别行政区行使全面管治权

特别行政区是直辖于中央人民政府的地方行政区域，中央人民政府依照宪法和基本法对特别行政区行使全面管治权，既包括中央直接行使的权力，也包括授予特别行政区依法行使的高度自治权。这一点，习近平总书记说得非常清楚。他指出："中央政府对特别行政区拥有全面管治权，这是特别行政区高度自治权的源头，同时中央充分尊重和坚定维护特别行政区依法享有的高度自治权。落实中央全面管治权和保障特别行政区高度自治权是统一衔接的，也只有做到这一点，才能够把特别行政区治理好。"[10]有授权，就有监督。中央授予特别行政区高度自治权，并不意味着中央没有或放弃监督权。相反，中央必要的监督是确保有关授权得到正确行使，从而确保"一国两制"方针和基本法在特别行政区得到全面准确实施的重要保障。根据中华人民共和国宪法和特别行政区基本法，中央对特别行政区直接行使以下权力：

8　国务院新闻办：《"一国两制"下香港的民主发展》（2021 年 12 月），北京：人民出版社，2021 年 12 月第 1 版。

9　栗战书：《坚定不移走"一国两制"成功道路　确保宪法和澳门基本法全面准确有效实施——在纪念中华人民共和国澳门特别行政区基本法实施 20 周年座谈会上的讲话》（2019 年 12 月 3 日），《人民日报》2019 年 12 月 4 日。

10　习近平：《在庆祝香港回归祖国 25 周年大会暨香港特别行政区第六届政府就职典礼上的讲话》（2022 年 7 月 1 日），《人民日报》2022 年 7 月 2 日。

延伸阅读：邓小平论中央对特别行政区的权力

1987 年 4 月，邓小平在会见香港特别行政区基本法起草委员会委员时指出："还有一个问题必须说明：切不要以为香港的事情全由香港人来管，中央一点都不管，就万事大吉了。这是不行的，这种想法不实际。中央确实是不干预特别行政区的具体事务的，也不需要干预。但是，特别行政区是不是也会发生危害国家根本利益的事情呢？难道就不会出现吗？那个时候，北京过问不过问？难道香港就不会出现损害香港根本利益的事情？能够设想香港就没有干扰，没有破坏力量吗？我看没有这种自我安慰的根据。如果中央把什么权力都放弃了，就可能会出现一些混乱，损害香港的利益。所以，保持中央的某些权力，对香港有利无害。大家可以冷静地想想，香港有时候会不会出现非北京出头就不能解决的问题呢？过去香港遇到问题总还有个英国出头嘛！总有一些事情没有中央出头你们是难以解决的。中央的政策是不损害香港的利益，也希望香港不会出现损害国家利益和香港利益的事情。要是有呢？所以请诸位考虑，基本法要照顾到这些方面。有些事情，比如一九九七年后香港有人骂中国共产党，骂中国，我们还是允许他骂，但是如果变成行动，要把香港变成一个在'民主'的幌子下反对大陆的基地，怎么办？那就非干预不行。干预首先是香港行政机构要干预，并不一定要大陆的驻军出动。只有发生动乱、大动乱，驻军才会出动。但是总得干预嘛！"[11]

---

11 邓小平：《在会见香港特别行政区基本法起草委员会委员时的讲话》（1987 年 4 月 16 日），出自《邓小平文选》（第三卷），北京：人民出版社，1993 年 10 月第 1 版，第 221 页。

（一）监督宪法和基本法在特别行政区实施，修改和解释基本法

中华人民共和国宪法和基本法共同构成特别行政区的宪制秩序、法治秩序。作为中国最高国家权力机关，全国人民代表大会负责监督宪法和基本在特别行政区的实施，修改基本法，决定特别行政区的设立及其制度。全国人大常委会有权解释基本法。全国人大常委会的解释是最终的、权威最高的。全国人大常委会曾于 1999 年、2004 年、2005 年、2011 年、2016 年分别就香港永久性居民在香港以外所生中国籍子女的居留权等问题、行政长官产生办法和立法会产生办法修改的法律程序问题、补选产生的行政长官任期问题、国家豁免原则问题和公职人员就职宣誓问题等，对香港基本法作出过 5 次解释。2011 年，就行政长官产生办法和立法会产生办法修改的法律程序问题，全国人大常委会对澳门基本法作出过一次解释。

全国人大常委会的释法权是中央对特别行政区全面管治权的重要组成部分，具有中央其他权力所不具有的特殊地位，可以捍卫基本法的权威，增强基本法的适应力，有效化解基本法在行使中出现的新问题新情况，确保"一国两制"行稳致远，促进特别行政区经济社会繁荣和稳定。

延伸阅读：乔晓阳回忆人大对香港的"五次释法"

2018 年是中国改革开放 40 周年，也是中国立法工作全面恢复的第 40 年。2018 年 12 月，十二届全国人大宪法和法律委员会主任委员乔晓阳在北京接受集体采访，回忆全国人大对特区基本法的"五次释

法"及所起作用，并对最近一次释法表示，"香港社会正气抬头了"。

乔晓阳说的第一次释法是 1996 年 6 月，是对基本法第 22 条和 24 条的解释。当时出现了一个居港权案件：一个人在内地生了两个孩子，当时他还不是香港居民，后来他到香港住满 7 年，成为香港永久居民。根据终审法院判决，这两个孩子也成为港人。

"当时特区政府算了一笔账，按此判决，内地将有 167 万人都可以成为港人。"乔晓阳回忆说，"那时候香港才 600 万人，一下子进来 167 万人，想想香港社会的压力会有多大。"他说，董建华作为时任香港行政长官向国务院写报告反映终审法院判决后特区面临的困难和问题，要求国务院向全国人大常委会提出释法的要求。全国人大常委会通过释法明确，只有成为港人以后所生的子女才是港人。乔晓阳说："人大这次释法，遵循基本法的立法原意，得到了香港广大居民的热烈拥护，香港社会大大松了一口气。它稳定了香港社会秩序，维护了香港的繁荣稳定。"

第二次释法在 2004 年 4 月，是对基本法附件 1 第 7 条、附件 2 第 3 条进行解释，是关于行政长官产生办法的修改程序，立法会产生办法的修改程序。

他说，通过全国人大常委会的释法，把"如需修改"谁认为需要修改解释明确了，是中央认为需要修改。"这个解释的意义在哪里？它不仅仅是管一次的，而是管长远的。"乔晓阳说，因为基本法的解释和基本法条文具有同等法律效力。它是基本法条文的延伸，香港政制发展，五年搞一次，这个"五部曲"的规矩立下来了，今后每次政改都要按此程序进行，这样中央对香港的政制发展自始至终都掌握了主导权。

第三次释法在 2005 年 4 月，对基本法第 53 条的解释，是关于补选产生的行政长官任期问题。"当时董建华因病辞职，曾荫权接任，通过补选选上了。"乔晓阳说，这带来一个问题，董建华第二个任期是 2002 年到 2007 年，那么 2005 年补选一个行政长官，他的任期是多长时间？是一个新的五年，还是剩余的两年？这在香港引起很大争论。乔晓阳说，香港当时出现所谓的"二五之争"，已经严重影响到行政长官产生问题，在这样的情况下全国人大常委会对 53 条进行了解释，明确了是剩余任期，保证行政长官的顺利选出，也维护香港稳定。

第四次释法是在 2011 年 8 月，对基本法第 13 条、19 条进行解释。

乔晓阳说，第 13 条规定中央负责管理与香港有关的外交事务。19 条规定香港法院对国防、外交等国家行为没有管辖权。人大常委会通过解释这两条，明确香港法院对外交事务无管辖权，要完全遵循、适用国家的国家豁免规则和政策。"这个事情对香港社会来讲没有太大波澜，人大释法后包括法律界在内社会很平静。"乔晓阳说。

第五次释法是 2016 年 11 月对基本法第 104 条进行解释。104 条是对特区行政长官、主要官员、立法会议员、法官宣誓的规定。

"2016 年一些宣扬'港独'的人参选立法会，有些新当选的议员在宣誓时搞了很多很不像话的行为，完全失去了宣誓的严肃性。"乔晓阳说，为了有效打击和遏制"港独"活动，维护国家主权和领土完整，正确理解和执行基本法，促使了这次解释。

乔晓阳说，我认为，这次解释最重要的一条是确定"拥护中华人民共和国香港基本法，效忠中华人民共和国香港特别行政区"，既作为法定宣誓内容，也作为参选或担任这些职务的法定要求和条件。"你要参选，选民就会拿释法标准衡量你够不够格。"乔晓阳强调，这次解释非常重要，而且这次解释以后香港的局势发生很显著转变，法院剥夺了那几位当选的立法会议员资格，"香港社会正气抬头了"。[12]

（二）负责管理与特别行政区有关的外交事务

外交权力是国家主权的重要组成部分。无论是单一制国家还是联邦制国家，外交权力一般都属于中央政府或者联邦政府，以国家名义进行。特别行政区基本法明确规定，中央人民政府负责管理与特别行政区有关的外交事务，外交部在设立机构处理外交事务，中央人民政府授权特别行政区依照本法自行处理有关的对外事务。

回归以来，中央政府支持香港和澳门在经济、贸易、金融、航运、通信、旅游、文化、体育等领域以"中国香港""中国澳门"的名义单独同世界各国、各地区以及有关国际组织保持和发展关系，签订和履行有关协议，支持特别行政区积极开展对外交往和合作。中国外交部在特别行政区设立特派员公署，负责处理与港澳有关的外交事务。

（三）负责特别行政区的防务

国防属于国家主权，是极为重要的中央事权，必须由中央政府统一领导。这在任何主权国家都是一样的。特别行政区基本法规定，中央人民政府负责管理特别行政区的防务；特别行政区政府负责维持特别行政区的社会治安；中央人民政府派驻特别行政区负责防务的军队不干预特别行政区的地方事务；特别行政区政府在必要时，可向中央

---

12 梁晓辉：《乔晓阳忆人大"五次释法"》，来源于：中国新闻网，https://www.chinanews.com.cn/ga/2018/12-22/8710072.shtml。

人民政府请求驻军协助维持社会治安和救助灾害；驻军人员除须遵守全国性的法律外，还须遵守特别行政区的法律。

自回归以来，香港、澳门的驻军都严守中国法律和特别行政区本地法律，出色完成了法定职责，赢得了当地居民的广泛认同。

（四）任命特别行政区行政长官和政府主要官员

中央人民政府有权任命在香港、澳门当地通过选举或协商产生的特别行政区行政长官人选，并根据行政长官的提名和建议，任命或者免除特别行政区行政机关主要官员（澳门还包括检察长）。自古以来，中央政府要行使对地方的管辖权和统治权，对地方主要官员的人事权是中央核心权力之一，否则地方就可能会形成尾大不掉之势，这在中国古代有着深刻教训。在当代中国，中央的这项人事任命权是实质性权力，是中央全面管治权的重要组成部分。中央对其任命的官员履行基本法的情况享有监督权。全国人大常委会依法对香港特别行政区终审法院法官和高等法院首席法官、澳门特别行政区终审法院法官的任命或者免职进行备案。

（五）决定在特别行政区实施的全国性法律

特别行政区基本法规定，全国性法律除列于基本法附件三者外，不在特别行政区实施。凡列于基本法附件三之法律，由特别行政区在当地公布或立法实施。全国人民代表大会常务委员会在征询其所属的特别行政区基本法委员会和特别行政区政府的意见后，可对列于基本法附件三的法律作出增减，任何列入附件三的法律，限于有关国防、外交和其他按特别行政区基本法规定不属于特别行政区自治范围的法律。全国人大常委会曾多次对香港、澳门基本法作出过增减。截至2022 年 4 月，共有 14 部全国性法律列入香港基本法附件三，共有 12部全国性法律列入澳门基本法附件三。

延伸阅读：在香港、澳门特别行政区实施的全国性法律

香港基本法附件三规定，下列全国性法律，自一九九七年七月一日起由香港特别行政区在当地公布或立法实施。

一、《关于中华人民共和国国都、纪年，国歌、国旗的决议》

二、《关于中华人民共和国国庆日的决议》

三、《中华人民共和国政府关于领海的声明》

四、《中华人民共和国国籍法》

五、《中华人民共和国外交特权与豁免条例》

六、《中华人民共和国国旗法》

七、《中华人民共和国领事特权与豁免条例》

八、《中华人民共和国国徽法》

九、《中华人民共和国领海及毗连区法》

十、《中华人民共和国香港特别行政区驻军法》

十一、《中华人民共和国专属经济区和大陆架法》

十二、《中华人民共和国外国中央银行财产司法强制措施豁免法》

十三、《中华人民共和国国歌法》

十四、《中华人民共和国香港特别行政区维护国家安全法》

澳门基本法规定，下列全国性法律，自一九九九年十二月二十日起由澳门特别行政区在当地公布或立法实施。

一、《关于中华人民共和国国都、纪年、国歌、国旗的决议》

二、《关于中华人民共和国国庆日的决议》

三、《中华人民共和国国籍法》

四、《中华人民共和国外交特权与豁免条例》

五、《中华人民共和国领事特权与豁免条例》

六、《中华人民共和国国旗法》

七、《中华人民共和国国徽法》

八、《中华人民共和国领海及毗连区法》

九、《中华人民共和国专属经济区和大陆架法》

十、《中华人民共和国澳门特别行政区驻军法》

十一、《中华人民共和国外国中央银行财产司法强制措施豁免法》

十二、《中华人民共和国国歌法》

（六）决定修改特别行政区行政长官和立法会的产生办法

特别行政区的政制发展的主导权和决定权在于中央。根据基本法规定，特别行政区行政机关和立法机关分别由香港、澳门永久性居民依据基本法有关规定组成；行政长官在当地通过选举或协商产生，由中央人民政府任命；香港特别行政区立法会由选举产生；澳门特别行政区立法会多数议员由选举产生，行政长官有权委任部分立法会议员。行政长官和立法会的产生办法如需修改，须经立法会全体议员三分之二多数通过，行政长官同意，并报全国人民代表大会常务委员会批准。

（七）备案和审查特别行政区立法机关制定的法律

依据特别行政区基本法，特别行政区享有立法权，特别行政区的立法机关制定的法律须报全国人民代表大会常务委员会备案。备案不影响该法律的生效。全国人民代表大会常务委员会在征询其所属的特别行政区基本法委员会后，如认为特别行政区立法机关制定的任何法律不符合基本法关于中央管理的事务及中央和特别行政区的关系的条款，可将有关法律发回，但不作修改。经全国人大常委会发回的法律立即失效。该法律的失效，除特别行政区的法律另有规定外，无溯及力。

（八）管理特别行政区国家安全事务

国家安全属于中央事权，中央政府对维护国家安全负有最大和最终责任，对于特别行政区也不例外。香港、澳门基本法都规定，特别行政区应自行立法禁止任何叛国、分裂国家、煽动叛乱、颠覆中央人民政府及窃取国家机密的行为，禁止外国的政治性组织或团体在特别行政区进行政治活动，禁止特别行政区的政治性组织或团体与外国的政治性组织或团体建立联系。基本法赋予特别行政区这项责任，并不意味着中央政府就没有了进行国家安全事务管理的权力。中央对与香港、澳门特别行政区有关的国家安全事务负有根本责任。

澳门特别行政区已经完成了澳门基本法第23条涉国家安全立法，香港则迟迟没有完成这条的立法工作。2019年，香港发生了修例风波，出现大量危害国家安全的行为。为了堵塞香港维护国家安全的漏洞，依据中华人民共和国宪法和香港基本法规定，根据全国人民代表大会的授权，2020年6月30日第十三届全国人民代表大会常务委员会第二十次会议通过香港维护国家安全法。该法规定，中央人民政府对香港特别行政区有关的国家安全事务负有根本责任，可以要求行政长官应就维护国家安全特定事项及时提交报告。中央人民政府对香港特别行政区维护国家安全委员会工作情况进行监督和问责。中央人民政府为香港特别行政区维护国家安全委员会指派国家安全事务顾问，国家安全事务顾问就香港特别行政区维护国家安全委员会履行职责相关事务提供意见，列席香港特别行政区维护国家安全委员会会议。中央人民政府在香港特别行政区设立维护国家安全公署，依法履行维护国家安全职责，行使相关权力。公署人员由中央人民政府维护国家安全的有关机关联合派出。

当危害国家安全犯罪案件出现以下三类情况之一时：案件涉及外国或者境外势力介入的复杂情况，香港特别行政区管辖确有困难的；出现香港特别行政区政府无法有效执行香港国安法的严重情况的；出现国家安全面临重大现实威胁的情况的，经香港特别行政区政府或者驻香港特别行政区维护国家安全公署提出，并报中央人民政府批准，由驻香港特别行政区维护国家安全公署对危害国家安全犯罪案件行使管辖权。此时，管辖有关危害国家安全犯罪案件时，由驻香港特别行政区维护国家安全公署负责立案侦查，最高人民检察院指定有关检察机关行使检察权，最高人民法院指定有关法院行使审判权。此类管辖案件的立案侦查、审查起诉、审判和刑罚的执行等诉讼程序事宜，适用中华人民共和国刑事诉讼法等相关法律的规定。

（九）其他权力

可以将不属于以上范畴的中央对特别行政区的管治权限归为其他权力，这些权力同样非常重要。

（1）根据基本法规定，全国人民代表大会常务委员会决定宣布战争状态或因特别行政区内发生特别行政区政府不能控制的危及国家统一或安全的动乱而决定特别行政区进入紧急状态，中央人民政府可发布命令将有关全国性法律在特别行政区实施。

（2）特别行政区的权力都来自中央的授予，对此基本法已经作出清晰规定。全国人大及其常委会还可以依法授予特别行政区其他权力。迄今，全国人大常委会已经多次对特别行政区授权。最近的一次是 2019 年 10 月，十三届全国人大常委会第十四次会议作出《关于授权澳门特别行政区对横琴口岸澳方口岸区及相关延伸区实施管辖的决定》。

（3）中央政府还可以就实施基本法向行政长官发出指令，负责确定各省、自治区、直辖市的人进入特别行政区定居的人数，批准中央各部门和各省、自治区、直辖市在特别行政区设立机构，对特别行政区行政长官报来的财政预算、决定等予以备案等。

中央对特别行政区拥有全面管治权，讲的是主权层面的问题，中央授予特别行政区高度自治权，讲的是主权行使层面的问题。中央的全面管治权是授权特别行政区实行高度自治的前提和基础，授予特别行政区高度自治权是中央对特别行政区行使全面管治权的体现，两者相互联系、内在一致，任何情况下都不能将这两者割裂开来、对立起来。特别行政区在行使高度自治权的过程中，一方面，应坚决维护中央的权威，不得损害国家的主权、安全、发展利益，更不得以特别行政区的高度自治权对抗中央的全面管治权；另一方面，应履职尽责、奋发有为，切实承担起治理特别行政区的主体责任，不辜负中央的信任和全国人民的嘱托。

延伸阅读：2021 年修改香港基本法附件一、二

2021 年 3 月 11 日，十三届全国人大四次会议通过了《全国人民代表大会关于完善香港特别行政区选举制度的决定》。该决定规定了完善香港特区选举制度的基本原则和核心要素，其中第六条授权全国人大常委会修改香港基本法附件一和附件二。全国人大常委会通过的两个修订草案，就是对全国人大有关决定内容的全面展开和具体落实。新修订的香港基本法附件一共 12 条，附件二共 9 条，基本保留了原来的附件一、附件二的名称、体例和框架结构，坚持"一国两制"根本宗旨、巩固香港特区宪制基础、弥补选举制度漏洞、确保"爱国者治港"，提高香港特区管治效能、循序渐进发展民主制度。新修改的附件一、二内容进一步充实细化，更加具有操作性，特别是针对香港回归以来选举实践中暴露出来的制度漏洞和缺陷作了完善性规定。概括起来，主要有五方面内容：

一是重新构建选举委员会，明确规定了选举委员会的规模、组成、任期和委员身份资格等事项，进一步扩大选举委员会的广泛代表性。选举委员会的人数由原来的 1200 人扩大到 1500 人，组成由原来的四大界别扩大到五大界别，每个界别 300 人。选举委员会每届任期五年，委员必须由香港特区永久性居民担任。

二是明确规定了选举委员会五大界别内各个界别分组的划分、名额分配以及产生方式，使选举委员会的覆盖面更加广泛，进一步增强香港社会各界的均衡参与。第一界别"工商、金融界"设 18 个界别分组；第二界别"专业界"设 10 个界别分组；第三界别"基层、劳工和宗教等界"设 5 个界别分组；第四界别"立法会议员、地区组织代表等界"设 5 个界别分组；第五界别"港区全国人大代表、港区全国政协委员和有关全国性团体香港成员的代表界"设 2 个界别分组。选举委员会委员的产生继续沿用原来的三种方式，包括当然委员、由提名产生的委员和由选举产生的委员。

三是完善和扩大了选举委员会的职能，更有利于改善行政与立法关系，落实行政主导体制。概括起来就是六个字：保留、恢复、增加，即保留选举委员会选举产生行政长官人选的职能，恢复选举委员会选举产生部分立法会议员的职能，增加选举委员会参与提名立法会议员候选人的职能。

四是规定了行政长官和立法会的选举制度。其中，基本保留原来的行政长官选举制度，在提名机制等方面有所调整，以确保行政长官必须由坚定的爱国者担任；重点改革立法会选举制度，更好地平衡香港社会的整体利益、界别利益和地区利益。立法会议员人数由 70 席增加至 90 席；由选举委员会选举、功能界别选举和分区直接选举分别产生 40 名、30 名和 20 名议员；同时对立法会选举的提名、选民资格、选举方式等作出了具体规定。

五是设立候选人资格审查委员会制度，确保"爱国者治港"，坚决把反中乱港势力排除在香港特区政权机关之外。候选人资格审查委员会对参加选举委员会选举、行政长官选举和立法会选举的候选人进行资格审查。[13]

---

13 《"修订香港基本法附件一附件二具有十分重要深远的意义"——专访全国人大常委会法制工作委员会副主任张勇》，来源：中国政府网，http://www.gov.cn/zhengce/2021-03/30/content_5596783.htm。

第四节 中央涉港澳有关专门机构

当前，中国中央人民政府依据中华人民共和国宪法、"一国两制"方针、特别行政区基本法等对特别行政区行使全面管治权。建立必要的机构特别是政权机构是全面行使管治权的重要基础。2003 年 7 月，中央港澳工作协调小组成立，这是中国共产党和中华人民共和国政府负责领导香港和澳门两个特别行政区工作的议事协调机构，由中共中央、国务院等多个部门的负责人组成。2020 年，中央港澳工作协调小组升格为中央港澳工作领导小组，负责领导和协调处理中央涉港澳事务。此外，除了全国人大及其常委会、国务院等外，中央政府还设有相关机构，专门负责处理与香港澳门特别行政区相关的事务。

（一）中央港澳工作办公室（国务院港澳事务办公室）

国务院港澳事务办公室是协助国务院总理办理港澳事务的办事机构，在中央治理港澳中具有重要地位和作用。1978 年 8 月 13 日，中共中央决定成立中央港澳小组协助中央归口掌管港澳工作，并决定成立国务院港澳办公室作为中央港澳小组的办事机构。当年 9 月 13 日，国务院发文批准国务院港澳办公室的机构设置和人员编制。1993 年 3 月，更名为国务院港澳事务办公室。国务院港澳办是国务院专责负责港澳事务的主管机关。

国务院港澳办主要职能：（一）贯彻执行"一国两制"方针和中央对香港、澳门的政策规定，执行香港特别行政区基本法、澳门特别行政区基本法。（二）了解香港、澳门的有关情况，提出政策建议。（三）负责与香港、澳门特别行政区政府的有关工作联系。（四）承办国务院交办的与香港、澳门有关的法律事宜，就基本法实施涉及的相关法律问题研究提出意见。（五）负责指导和管理内地与香港、澳门因公往来的有关事务，协同有关部门和地方推动与香港、澳门在经济、科技、文化等领域的交流与合作。（六）参与拟订对驻香港、澳门中资机构有关管理的政策，参与内地企业和中资机构在香港、澳门的有关协调工作。（七）对中央驻香港、澳门机构提出的有关事宜提供意见、建议和工作协助。（八）承办国务院交办的其他事项。

国务院港澳事务办公室设9个内设机构：秘书行政司、综合司、政研司、联络司、交流司、法律司、宣传司、安全事务司、机关党委（人事司）。它还有直属事业单位港澳研究所、机关服务中心。

2023年3月，中共中央、国务院印发《党和国家机构改革方案》，决定组建中央港澳工作办公室。承担在贯彻"一国两制"方针、落实中央全面管治权、依法治港治澳、维护国家安全、保障民生福祉、支持港澳融入国家发展大局等方面的调查研究、统筹协调、督促落实职责，在国务院港澳事务办公室基础上组建，作为党中央办事机构，保留国务院港澳事务办公室牌子。不再保留单设的国务院港澳事务办公室。

（二）全国人大及其常委会有关机构

主要是全国人大常委会香港基本法委员会、澳门基本法委员会。两者属于全国人大常委会的工作委员会，属于立法层面的机构。两者在"一国两制"方针实行、基本法实施、处理中央与特别行政区关系等问题中有着重要作用。两者的设立依据是《全国人民代表大会组织法》。该法第28条规定："常务委员会设立法制工作委员会、预算工作委员会和其他需要设立的工作委员会。工作委员会的主任、副主任和委员由委员长提请常务委员会任免。香港特别行政区基本法委员会、澳门特别行政区基本法委员会的设立、职责和组成人员任免，依照有关法律和全国人民代表大会有关决定的规定。"

香港基本法委员会。1997 年 7 月，按照香港基本法和全国人大关于设立全国人大常委会香港基本法委员会的决定，设立全国人大常委会香港基本法委员会，简称香港基本法委员会。

香港基本法委员会的任务是：就有关香港特别行政区基本法第 17 条、第 18 条、第 158 条、第 159 条实施中的问题进行研究，并向全国人大常委会提供意见。香港基本法委员会由 12 名委员组成，内地和香港委员各 6 人，任期 5 年。所有委员均由全国人大常委会任命。其中，香港委员由香港特别行政区行政长官、立法会主席和终审法院首席法官联合提名，报全国人大常委会任命。

香港基本法委员会下设办公室与研究室。办公室工作职责：推动基本法研究和宣传推广工作，负责文件管理、会议管理、财务管理、档案管理、图书资料管理、后勤保障及工青妇工作。研究室工作职责：负责基本法规定的全国人大常委会香港基本法委员会有关职责的研究工作、基本法具体条文的研究工作及基本法实施中有关问题的研究工作等。

澳门基本法委员会。1999 年 12 月，按照澳门基本法和全国人大关于设立全国人大常委会澳门基本法委员会的决定，设立全国人大常委会澳门基本法委员会。

澳门基本法委员会的任务是：就有关澳门特别行政区基本法第 17 条、第 18 条、第 143 条、第 144 条实施中的问题进行研究，并向全国人大常委会提供意见。澳门基本法委员会由 10 名委员组成，内地和澳门人士各 5 人，均由全国人民代表大会常务委员会任命，任期 5 年。其中，澳门委员由澳门特别行政区行政长官、立法会主席和终审法院院长联合提名，报全国人大常委会任命。

澳门基本法委员会下设办公室与研究室。办公室工作职责：推动基本法研究和宣传推广工作，负责文件管理、会议管理、财务管理、档案管理、图书资料管理、后勤保障及工青妇工作。研究室工作职责：负责基本法规定的全国人大常委会澳门基本法委员会有关职责的研究工作、基本法具体条文的研究工作及基本法实施中有关问题的研究工作等。

（三）中央人民政府驻特别行政区有关机构

目前，中央人民政府分别在香港特别行政区、澳门特别行政区设立有关机构，赋予重要职能，处理相关事宜。

（1）中央人民政府驻香港特别行政区联络办公室

简称香港中联办、中央驻香港联络办。前身是新华通讯社香港分社，成立于 1947 年 5 月，是中央政府派驻香港的机构。香港回归祖国之前，新华通讯社香港分社以中华人民共和国政府驻香港最高代表机构的身份，履行中央赋予的各项职责。香港回归祖国之后，新华通讯社香港分社继续作为中央人民政府授权的工作机构履行职责。香港特区政府于 1999 年 7 月 2 日在《政府宪报》上公布，新华通讯社香港分社是中央人民政府在香港特区设立的机构之一。1999 年 12 月 28 日，国务院常务会议决定，将中央人民政府授权的工作机构新华通讯社香港分社，更名为中央人民政府驻香港特别行政区联络办公室，简称中联办。国务院同时赋予中联办五项职能：联系外交部驻香港特别行政区特派员公署和中国人民解放军驻香港部队；联系并协助内地有关部门管理在香港的中资机构；促进香港与内地之间的经济、教育、科学、文化、体育等领域的交流与合作，联系香港社会各界人士，增进内地与香港之间的交往，反映香港居民对内地的意见；处理有关涉台事务；承办中央人民政府交办的其他事项。

中联办（原新华社香港分社）成立以来，在中国革命、建设和改革的不同历史时期，始终按照中央赋予的职责开展工作，为中华人民共和国建设和改革开放事业，为香港回归祖国和回归后的繁荣稳定，为"一国两制"的贯彻落实，作出了重要贡献。中联办作为中央政府驻港机构，是广泛联系香港各界的重要渠道，是促进两地交流与合作的重要桥梁。

香港中联办内设机构如下：办公厅、人事部、宣传文体部、协调部、研究部、社团联络部、社会工作部、经济部、教育科技部、台湾事务部、青年工作部、法律部、机关工作部、信息咨询室、保安部、警务联络部、行政财务部、信息中心、港岛工作部、九龙工作部、新界工作部、北京联络部、广东联络部、深圳联络部等。

（2）中央人民政府驻澳门特别行政区联络办公室

简称澳门中联办、中央驻澳门联络办。1999 年 12 月 28 日，国务院常务会议决定，将中央人民政府授权的工作机构新华通讯社澳门分社，更名为中央人民政府驻澳门特别行政区联络办公室。澳门中联办正式取得现有名称。其主要职能包括：一是联系外交部驻澳门特别行政区特派员公署和中国人民解放军驻澳门部队。二是联系并协助内地有关部门管理在澳门的中资机构。三是促进澳门与内地之间的经济、教育、科学、文化、体育等领域的交流与合作。联系澳门社会各界人士，增进内地与澳门之间的交往。反映澳门居民对内地的意见。四是处理有关涉台事务。五是承办中央人民政府交办的其他事项。

（3）中央人民政府驻香港特别行政区维护国家安全公署

全称中华人民共和国中央人民政府驻香港特别行政区维护国家安全公署，2020 年 7 月 8 日在香港成立，中央人民政府驻香港特别行政区维护国家安全机构，依法履行维护国家安全职责，行使相关权力。其职责为：（一）分析研判香港特别行政区维护国家安全形势，就维护国家安全重大战略和重要政策提出意见和建议；（二）监督、指导、协调、支持香港特别行政区履行维护国家安全的职责；（三）收集分析国家安全情报信息；（四）依法办理危害国家安全犯罪案件。

根据香港维护国家安全法，驻香港特别行政区维护国家安全公署应当严格依法履行职责，依法接受监督，不得侵害任何个人和组织的合法权益。公署人员除须遵守全国性法律外，还应当遵守香港特别行政区法律，并依法接受国家监察机关的监督。

（4）中国外交部驻香港、澳门特派员公署

根据香港和澳门特别行政区基本法，外交部在特别行政区设立的负责处理与特别行政区有关的外交事务的机构。目前，外交部在香港、澳门都设立了特派员公署。

中国外交部驻香港特别行政区特派员公署。成立于 1997 年 7 月 2 日，位于中国香港中环坚尼地道 42 号。根据香港基本法的有关规定，驻港公署的职责是：处理由中央人民政府负责管理的与香港特区有关的外交事务；协助香港特区政府依照基本法或经授权自行处理有关对外事务；办理中央人民政府和外交部交办的其他事务。具体包括：（一）协调处理香港特别行政区参加有关国际组织和国际会议事宜；协调处

理国际组织和机构在香港特别行政区设立办事机构问题；协调处理在香港特别行政区举办政府间国际会议事宜。（二）处理有关国际公约在香港特别行政区的适用问题；协助办理须由中央人民政府授权香港特别行政区与外国谈判缔结的双边协定的有关事宜。（三）协调处理外国在香港特别行政区设立领事机构或其他官方、半官方机构的有关事宜。（四）承办外国国家航空器和外国军舰访问香港特别行政区等有关事宜。公署下设有办公室、政策研究室、国际组织部、条约法律部、新闻及公共关系部、领事部等6个机构。

中国外交部驻澳门特别行政区特派员公署。成立于1999年12月20日，位于中国澳门毕仕达大马路208号。其宗旨是：贯彻落实"一国两制""澳人治澳"、高度自治方针，严格按照基本法办事，执行中央人民政府的外交政策，维护国家主权和利益，保护澳门同胞在海外的合法权益，促进澳门特别行政区的长期繁荣稳定和发展。

外交部驻澳门特别行政区特派员公署的职责是：一是处理由中央人民政府负责管理的与澳门特别行政区有关的外交事务。二是协调处理澳门特别行政区参加有关国际组织和国际会议事宜；协调处理国际组织和机构在澳门特别行政区设立办事机构问题；协调处理在澳门特别行政区举办政府间国际会议事宜。三是处理有关国际公约在澳门特别行政区的适用问题；协助办理中央人民政府授权澳门特别行政区与外国谈判缔结有关双边协定的事宜。四是协调处理外国在澳门特别行政区设立领事机构或其他官方、半官方机构的有关事宜，办理有关领事业务。五是办理中央人民政府和外交部交办的其他有关事务。公署下设政策研究室、综合业务部、领事部、新闻和公共外交部和办公室五个部门。

▲ 2021 年 12 月 20 日，驻澳门部队举行升国旗仪式庆祝澳门回归祖国 22 周年。新华社发（陈帅摄）

（5）中国人民解放军驻香港、澳门部队

根据特别行政区基本法，中央人民政府负责管理特别行政区的防务，由此中央政府在特别行政区派驻军队。全国人大常委会分别制定了《中华人民共和国香港特别行政区驻军法》《中华人民共和国澳门特别行政区驻军法》，规定中央人民政府派驻特别行政区负责防务的军队，由中华人民共和国中央军事委员会领导，驻军费用由中央人民政府负担。驻军的职责包括多个方面：防备和抵抗侵略，保卫特别行政区的安全，担负防卫勤务；管理军事设施，承办有关的涉外军事事宜等。驻军法还对驻军人员的司法管作出了完善的规定。

中国人民解放军驻香港部队（简称驻港部队、驻港解放军、香港驻军）是由中华人民共和国中央人民政府派驻香港特别行政区负责防务的国家武装力量，由陆军、海军和空军部队组成，隶属于中华人民共和国中央军事委员会。驻港部队从 1993 年初开始组建，1996 年 1 月 28 日组建完毕，1997 年 7 月 1 日 0 时进驻香港，取代驻港英军接管香港防务，驻港军费均由中央人民政府负担。

中国人民解放军驻澳门部队（简称驻澳部队、解放军驻澳门部队）是由中华人民共和国中央人民政府派驻澳门特别行政区负责防务的国家武装力量。中国人民解放军驻澳门部队于 1999 年 4 月 10 日正式组建完毕，1999 年 12 月 20 日，正式进驻澳门执行防务任务，驻军隶属中华人民共和国中央军事委员会，费用由中央财政负担。它是继香港驻军之后，中国人民解放军派驻特别行政区的第二支部队。中国人民解放军驻澳门部队的兵力根据澳门特别行政区防务任务的需要，按照适量、精干的原则确定，主要由陆军组成。为了便于处理有关海、空军防务事宜，驻澳门部队也编配了少量的海、空军官。

第五节 特别行政区政治体制是国家制度体系的一部分

政治体制是国家治理体系的核心内容。一个地方是否被纳入了国家治理体系，一个关键性指标就是看其政治体制是否由中央政府规定，是否为国家制度体系的组成部分，其变革权是否由中央政府掌握。

特别行政区被纳入国家治理体系一个极为重要的标志就是中国全国人大规定了其政治体制，其政治体制的产生来源于中华人民共和国宪法的规定，其决定权和改革权都属于全国人民代表大会。中华人民共和国宪法第 31 条明确规定："国家在必要时得设立特别行政区。

在特别行政区内实行的制度按照具体情况由全国人民代表大会以法律规定。"第 57 条规定：全国人民代表大会"决定特别行政区的设立及其制度"。目前的香港、澳门基本法第 4 章都是专门规定了特别行政区的政治体制，包括行政长官、行政机关、立法机关、司法机关、区域组织、公务人员等。特别行政区基本法的法律效力来源于全国人民代表大会。从特别行政区政府的层级来看，特别行政区行政长官是特别行政区的首长，代表特别行政区，依照基本法的规定对中央人民政府负责。这是明显的以下对上的关系。也就是说，特别行政区政府属于中国政权体系一部分、属于国家治理体系一部分。

2004 年 4 月，全国人大常委会对香港基本法附件 1 第 7 条、附件 2 第 3 条进行解释，这次释法内容是关于行政长官产生办法的修改程序、立法会产生办法的修改程序的。通过全国人大常委会释法，把"如需修改"中的谁认为需要修改解释明确了，是中央认为需要修改。中央对香港的政制发展自始至终都掌握了主导权。

一个国家的政治体制的创制权和改革权在于中央政府，而不是地方政府，这是世界通例。香港和澳门的事实都符合这一点。这也显示，特别行政区政治体制是国家政治体制进而是国家制度体系的一个组成部分，特别行政区是国家治理体系一部分。

特别行政区的宪制秩序和法律体系也是国家治理体系的组成部分。在香港特别行政区和澳门特别行政区，以宪法和基本法为基础，以国家有关立法和特别行政区法律为主要依据，已经构建起一整套法制统一、权责明确、运作良好的宪制秩序和法律体系。这是国家治理体系的一部分，是保证特别行政区"一国两制"实践始终沿着正确道路前进、实现长治久安的关键，中央各有关部门、澳门特别行政区各政权机关，以及包括澳门同胞在内的全国人民，都必须尊重、遵守和执行，都必须共同维护。

第六节 特别行政区的中国公民参与国家治理体系运作

特别行政区居民中的中国公民参加国家治理，管理国家事务，同样也是特别行政区纳入国家治理体系的重要体现，彰显了国家尊重特别行政区居民意愿、保障其民主权利的努力。这里最重要的是参加全国人民代表大会和人民政治协商会议的工作。

首先，参加全国人民代表大会。香港、澳门永久性居民中的中国公民不仅参与香港特别行政区的治理，还依法参与国家事务的管理。一般地，根据全国人大确定的名额和代表产生办法，由香港特别行政区居民中的中国公民在香港选出 36 名香港特别行政区的全国人大代表，由澳门特别行政区居民中的中国公民在香港选出 12 名香港特别行政区的全国人大代表，参加最高国家权力机关的工作。这已经形成了法律和制度性安排。澳门只有 68 万余居民，但却有 12 名全国人大代表，比例是全国所有省级地方单元中最高的。香港只有 740 余万人，却有 36 名全国人大代表，其比例在全国也是高出于各省、自治区、直辖市的。比如，第十四届全国人民大会代表名额分配方案规定，北京市可以选举产生 40 名全国人大代表，北京市2022 年底常住人口为 2184.3 余万。全国人大常委会是最高国家权力机关——全国人民代表大会的常设机关，按照惯例都有来自香港、澳门的委员。

延伸阅读：基本法规定特别行政区中国公民参与国家事务

香港基本法第21条规定："香港特别行政区居民中的中国公民依法参与国家事务的管理。根据全国人民代表大会确定的名额和代表产生办法，由香港特别行政区居民中的中国公民在香港选出香港特别行政区的全国人民代表大会代表，参加最高国家权力机关的工作。"澳门基本法第21条规定："澳门特别行政区居民中的中国公民依法参与国家事务的管理。根据全国人民代表大会确定的代表名额和代表产生办法，由澳门特别行政区居民中的中国公民在澳门选出澳门特别行政区的全国人民代表大会代表，参加最高国家权力机关的工作。"

这些香港、澳门全国人大代表作为中国最高国家权力机关组成人员，享有下列权利：出席全国人民代表大会会议，参加审议各项议案、报告和其他议题，发表意见；依法联名提出议案、质询案、罢免案等；提出对各方面工作的建议、批评和意见；参加全国人民代表大会的各项选举；参加全国人民代表大会的各项表决；获得依法执行代表职务所需的信息和各项保障；法律规定的其他权利。

其次，参与中国人民政治协商会议。人民政协是中国人民爱国统一战线的组织，是中国共产党领导的多党合作和政治协商的重要机构，是我国政治生活中社会主义民主的重要形式，是国家治理体系的重要组成部分，是具有中国特色的制度安排。参与政协也是特别行政区中国居民参与国家治理的重要方式。中国人民政治协商会议除了制度化地特邀香港、澳门人士外，其他一些界别也注重吸纳香港、澳门代表人士。中国人民政治协商会议第十三届全国委员会委员中，特邀香港人士124人，特邀澳门人士29人。当前，香港有5600多位人士担任各级人民政治协商会议委员。许多香港、澳门人士在中央和地方的机构、团体担任领导或顾问等职务。此外，中央政府还支持和协助香港、澳门专业人士和优秀青年在国际组织任职，参与国际治理。

延伸阅读：香港居民享有广泛的法定权力

香港基本法第 25 条至第 42 条规定相继居民享有广泛权力，充分彰显了"一国两制"是科学的、正义的，充分彰显了香港人民是香港的主人。

第二十五条 香港居民在法律面前一律平等。

第二十六条 香港特别行政区永久性居民依法享有选举权和被选举权。

第二十七条 香港居民享有言论、新闻、出版的自由，结社、集会、游行、示威的自由，组织和参加工会、罢工的权利和自由。

第二十八条 香港居民的人身自由不受侵犯。

香港居民不受任意或非法逮捕、拘留、监禁。禁止任意或非法搜查居民的身体、剥夺或限制居民的人身自由。禁止对居民施行酷刑、任意或非法剥夺居民的生命。

第二十九条 香港居民的住宅和其他房屋不受侵犯。禁止任意或非法搜查、侵入居民的住宅和其他房屋。

第三十条 香港居民的通讯自由和通讯秘密受法律的保护。除因公共安全和追查刑事犯罪的需要，由有关机关依照法律程序对通讯进行检查外，任何部门或个人不得以任何理由侵犯居民的通讯自由和通讯秘密。

第三十一条 香港居民有在香港特别行政区境内迁徙的自由，有移居其他国家和地区的自由。香港居民有旅行和出入境的自由。有效旅行证件的持有人，除非受到法律制止，可自由离开香港特别行政区，无需特别批准。

第三十二条 香港居民有信仰的自由。

香港居民有宗教信仰的自由，有公开传教和举行、参加宗教活动的自由。

第三十三条 香港居民有选择职业的自由。

第三十四条 香港居民有进行学术研究、文学艺术创作和其他文化活动的自由。

第三十五条 香港居民有权得到秘密法律咨询、向法院提起诉讼、选择律师及时保护自己的合法权益或在法庭上为其代理和获得司法补救。

香港居民有权对行政部门和行政人员的行为向法院提起诉讼。

第三十六条 香港居民有依法享受社会福利的权利。劳工的福利待遇和退休保障受法律保护。

第三十七条 香港居民的婚姻自由和自愿生育的权利受法律保护。

第三十八条 香港居民享有香港特别行政区法律保障的其他权利和自由。

第三十九条 《公民权利和政治权利国际公约》《经济、社会与文化权利的国际公约》和国际劳工公约适用于香港的有关规定继续有效，通过香港特别行政区的法律予以实施。

香港居民享有的权利和自由，除依法规定外不得限制，此种限制不得与本条第一款规定抵触。

第四十条 "新界"原居民的合法传统权益受香港特别行政区的保护。

第四十一条 在香港特别行政区境内的香港居民以外的其他人，依法享有本章规定的香港居民的权利和自由。

第四十二条 香港居民和在香港的其他人有遵守香港特别行政区实行的法律的义务。

香港居民享有法定的广泛权利和自由。澳门基本法作了类似的规定。这些权利和自由是中华人民共和国宪法和特别行政区基本法赋予的，而不是凭空产生的。这也是中国这个伟大国家对其辖区内的居民的庄严法律承诺、政治承诺。

第七节 国家支持特别行政区更好融入国家发展大局

每一个主权国家的地方单元，都需要融入国家发展大局，中国的特别行政区也不例外。中国共产党和中国政府高度重视特别行政区发展，推动其更好融入国家发展大局。国家在"十二五""十三五""十四五"规划中专章阐释支持香港、澳门发展的重大举措。党的十九大报告提出支持香港、澳门融入国家发展大局，以粤港澳大湾区建设、粤港澳合作、泛珠三角区域合作为重点，同内地优势互补、协同发展，全面推进内地同香港、澳门的互利合作，制定完善便利香港、澳门居民在内地发展的政策措施。党的二十大报告提出，发挥香港、澳门优势和特点，巩固提升香港、澳门在国际金融、贸易、航运航空、创新科技、文化旅游等领域的地位，深化香港、澳门同各国各地区更加开放、更加密切的交往合作。推进粤港澳大湾区建设，支持香港、澳门更好融入国家发展大局，为实现中华民族伟大复兴更好发挥作用。

延伸阅读：习近平会见香港澳门各界访问团

2018年11月12日，习近平在北京会见香港澳门各界庆祝国家改革开放40周年访问团时高度肯定香港澳门在国家发展中的重要作用，对香港、澳门的发展提出四点希望：

第一，更加积极主动助力国家全面开放。在国家扩大对外开放的过程中，香港、澳门的地位和作用只会加强，不会减弱。希望香港、澳门继续带头并带动资本、技术、人才等参与国家经济高质量发展和新一轮高水平开放。特别是要把香港、澳门国际联系广泛、专业服务发达等优势同内地市场广阔、产业体系完整、科技实力较强等优势结合起来，提升香港国际金融、航运、贸易中心地位，加快建设香港国际创新科技中心，加强澳门世界旅游休闲中心、中葡商贸合作服务平台建设，努力把香港、澳门打造成国家双向开放的重要桥头堡。

第二，更加积极主动融入国家发展大局。香港、澳门融入国家发展大局，是"一国两制"的应有之义，是改革开放的时代要求，也是香港、澳门探索发展新路向、开拓发展新空间、增添发展新动力的客观要求。实施粤港澳大湾区建设，是我们立足全局和长远作出的重大谋划，也是保持香港、澳门长期繁荣稳定的重大决策。建设好大湾区，关键在创新。要在"一国两制"方针和基本法框架内，发挥粤港澳综合优势，创新体制机制，促进要素流通。大湾区是在一个国家、两种制度、三个关税区、三种货币的条件下建设的，国际上没有先例。要大胆闯、大胆试，开出一条新路来。香港、澳门也要注意练好内功，着力培育经济增长新动力。

第三，更加积极主动参与国家治理实践。香港、澳门回归祖国后，已纳入国家治理体系。港澳同胞要按照同"一国两制"相适应的要求，完善特别行政区同宪法和基本法实施相关的制度和机制，提高管治能力和水平。同时，大家要关心国家发展全局，维护国家政治体制，积极参与国家经济、政治、文化、社会、生态文明建设，自觉维护国家安全。港澳人士还有许多在国际社会发挥作用的优势，可以用多种方式支持国家参与全球治理。

第四，更加积极主动促进国际人文交流。香港、澳门多元文化共存，是中西文化交流的重要纽带。要保持香港、澳门国际性城市的特色，利用香港、澳门对外联系广泛的有利条件，传播中华优秀文化，宣介国家方针政策，讲好当代中国故事，讲好"一国两制"成功实践的香港故事、澳门故事，发挥香港、澳门在促进东西方文化交流、文明互鉴、民心相通等方面的特殊作用。[14]

中央政府及其有关部门采取了大量措施推动港澳融入国家发展大局。一是支持港澳参与"一带一路"和粤港澳大湾区建设。2017年6月，在中央政府支持下，香港正式成为亚投行新成员。2017年12月，国务院发展改革委与香港特别行政区政府签署了《关于支持香港全面参与和助力"一带一路"建设的安排》。粤港澳大湾区建设是习近平总书记亲自谋划、亲自部署、亲自推动的国家战略，是支持粤港澳融入国家发展大局的重要举措。2017年7月，习近平在香港见证国家发展改革委和奥港澳三地政府签署《深化粤港澳合作 推进大湾区建设框架协议》，该《框架协议》提出要把大湾区建设成为更具活力的经济区、宜居宜业宜游的优质生活圈和内地与港澳深度合作的示范区。

2019年2月18日，中共中央、国务院印发《粤港澳大湾区发展

---

14 习近平：《会见香港澳门各界庆祝国家改革开放40周年访问团时的讲话》（2018年11月12日），《人民日报》2018年11月13日。

规划纲要》。按照规划纲要，粤港澳大湾区不仅要建成充满活力的世界级城市群、国际科技创新中心、"一带一路"建设的重要支撑、内地与港澳深度合作示范区，还要打造成宜居宜业宜游的优质生活圈，成为高质量发展的典范。以香港、澳门、广州、深圳四大中心城市作为区域发展的核心引擎。这是中央政府推动国家区域发展战略，为香港、澳门未来的发展提供新的重大机遇指明正确的前进方向。

2021 年通过的国家"十四五"规划纲要提出，加强粤港澳产学研协同发展，完善广深港、广珠澳科技创新走廊和深港河套、粤澳横琴科技创新极点"两廊两点"架构体系，推进综合性国家科学中心建设，便利创新要素跨境流动。加快城际铁路建设，统筹港口和机场功能布局，优化航运和航空资源配置。深化通关模式改革，促进人员、货物、车辆便捷高效流动。扩大内地与港澳专业资格互认范围，深入推进重点领域规则衔接、机制对接。便利港澳青年到大湾区内地城市就学就业创业，打造粤港澳青少年交流精品品牌。

二是中央和有关部门大力推进港澳与内地科教文卫合作。内地和港澳在教育领域加强合作，截至 2017 年 11 月，内地与香港中小学建立"姊妹学校"近千对。内地和香港、澳门先后签署了《更紧密文化关系安排协议书》。2017 年 6 月，习近平总书记在香港见证了《兴建香港故宫文化博物馆合作协议》的签署。2022 年 6 月，经过长期推动，香港故宫文化博物馆在香港回归 25 周年之际开馆，2022 年 7 月对外开放。

三是稳步推进港澳与内地大型跨境基础设施建设。2018 年 9 月，广深港高铁香港段开通，实现了香港和内地高铁网络的互联互通。广深港高铁全长 140 公里，其中香港段 26 公里。经过 9 年艰苦施工、14 年努力，2018 年 10 月粤港澳大桥在习近平总书记见证下开通。港珠澳大桥全长55公里，集桥、岛、隧于一体，是世界最长的跨海大桥，是"一国两制"下粤港澳三地首次合作共建的超大型跨海交通工程，它完善了国家特别是粤港澳三地的综合运输体系和高速公路网络，是一座圆梦桥、同心桥、自信桥、复兴桥。

此外，中央政府及其有关部门还采取了大量政策措施，不断便利港澳居民在内地发展，包括方便他们在内地求学、就业、投资、居住、行医等等，比如出台了《关于在内地（大陆）就业的港澳台同胞享有住房公积金待遇有关问题的意见》《港澳及华侨学生奖学金管理办法》《港澳台居民居住证申领发放办法》等。

延伸阅读：粤港澳大湾区

粤港澳大湾区，包括香港特别行政区、澳门特别行政区和广东省广州、深圳、珠海、佛山、惠州、东莞、中山、江门、肇庆共11个城市，

▲ 港珠澳大桥

总面积约 5.6 万平方公里，是中国开放程度最高、经济活力最强的区域之一，在国家发展大局中具有重要战略地位。粤港澳大湾区与美国纽约湾区、旧金山湾区、日本东京湾区并称为世界四大湾区。2022 年底，粤港澳大湾区常住人口约 7000 万，经济总量达 13 万亿人民币。建设粤港澳大湾区，既是新时代推动形成全面开放新格局的新尝试，也是推动"一国两制"事业发展的新实践。推进粤港澳大湾区建设，是以习近平同志为核心的党中央作出的重大决策，是习近平总书记亲自谋划、亲自部署、亲自推动的国家战略。

第四章
"一国两制"在香港澳门成功实践原因

　　"一国两制"是中国共产党人创造的重要政治和行政制度，是中国共产党人对世界政治文明、对人类解决国家统一问题的重要贡献。"一国两制"具有科学性、有效性、民主性和灵活性，是一项极具生命力的制度，也是在当代中国解决国家统一问题的最佳方式。它之所以能够行动通、真实管用，特别是在香港、澳门得以成功实现，并持续保持香港澳门经济社会繁荣，是有深刻原因的。

第一节　中国国力强大、中央政府领导有力

　　国家综合实力是国际关系和对外交往的基础，是决定一个民族和国家的国际地位和对外交往成败的关键。在国际政治舞台上，真理从来都是在大炮的射程之内的。中华人民共和国之所以能够收回香港、澳门，成功实行"一国两制"，原因有千条万条，但首要的和最核心的就在于中华人民共和国是中国共产党领导下的强盛国家。作为一个拥有十四亿多人口的、有中国共产党坚强领导的、高度统一的、拥有五千年文明底蕴的超大规模国家，中国的实力是任何外国都不敢小觑的。这是中国能够在香港和澳门实行一国两制的根本原因。

　　弱国无外交。实事求是地说，中华人民共和国成立之前的历届中

国政府并不是没有就收回香港、澳门作出努力，但是之所以没有实现，不是因为他们不够聪明、不够有策略，也不是英国和葡萄牙政府那时就更加凶恶或者霸道，也不是彼时时机不对，而是因为中国国力不够，英国、葡萄牙根本就不同意和中国进行有改变香港、澳门地位的谈判。所以历届中国政府都无功而返。

延伸阅读：晚清、民国政府曾尝试收回港澳

香港、澳门被强行侵占后，晚清政府曾经为收复香港和澳门进行过努力，但在国家积贫积弱的年代，没有能力捍卫领土主权。道光、咸丰等皇帝虽都组织军队与英国侵略军进行了顽强抵抗，广州、东莞以及"新界"等地的人民群众也与英军开展了殊死的斗争，但最后都未成功。

北洋政府时期，中国政府代表在 1919 年巴黎和会上提出了收复租借地（包括"新界"的议案），但由于会议为英法两个主要战胜国把持，这个提议轻易地被否决了。在 1921 年华盛顿会议上，中国代表再次提出废止各国在华租借地的议案，但在"新界"问题上遭到英国代表竭力反对，中国收回"新界"的要求再一次受挫。南京国民政府成立后也曾向西方列强提出"修改不平条约"的外交要求，并取得一些进展。但是由于英国的阻挠，南京政府错失了 1941 年 12 月太平洋战争爆发和 1945 年 8 月日本无条件投降两次收回香港的机会。

1928 年 12 月，南京政府借《中葡友好通商条约》第四次期满（每 10 年一期）之际，与葡萄牙政府签订了《中葡友好通商条约》。条约虽然对有关条款进行了修改，但是澳门被葡萄牙侵占的事实没有发生改变。[1]

1　全国干部培训教材编审指导委员会组织编写：《坚持"一国两制"推进祖国统一》，北京：人民出版社、党建读物出版社，2019 年 2 月第 1 版，第 7—8 页。

1949 年 10 月以后，一切都改观了。有了统一的国家和强大国家机器作为后盾的中国人，早在抗美援朝中就无所畏惧地同以美国为首的所谓联合国军展开了殊死较量。中华人民共和国以公理和正义为遵循，坚决捍卫国家领土和主权安全，打出了中国的国威。原子弹、氢弹、东风导弹、核潜艇、卫星等先进武器、先进技术的问世，显示了中国雄厚的国力，显示了中国人捍卫国家主权的强大能力。

中国共产党作为领导中国人民经过 28 年艰苦奋斗建立中华人民共和国的马克思主义政党，在中国具有庞大而高效的组织结构，具有崇高的威望，拥有杰出的领导人，并将实现祖国统一视为自己的三大历史任务之一。中国共产党有效领导着中央政府和地方政府，中国共产党领导下的中央政府拥有崇高的权威，可以有效地在全国发号施令、调动国家一切必要资源。这些都为实现祖国统一奠定了最宝贵、最重要、最核心的基础。有了这个基础，中国就有了和世界强国进行对话的坚实资格。有了这个基础，中国提出要实现祖国统一，收回香港和澳门，英国和葡萄牙无法忽视。英国、葡萄牙都配合了中国政府的决定。最终经过友好的谈判，解决了分歧，实现了国家统一，捍卫了国家主权和尊严。这一点，邓小平同志说得非常好："香港问题为什么能够谈成呢？并不是我们参加谈判的人有特殊的本领，主要是我们这个国家这几年发展起来了，是个兴旺发达的国家，有力量的国家，而且是个值得信任的国家，我们是讲信用的，我们说话是算数的。"[2] 他还指出："我们对香港、澳门、台湾的政策，也是

2　邓小平：《在中央顾问委员会第三次全体会议上的讲话》（1984 年 10 月 22 日），出自《邓小平文选》（第三卷），北京：人民出版社，1993 年 10 月第 1 版，第 85 页。

在国家主体坚持四项基本原则的基础上制定的，没有中国共产党，没有中国的社会主义,谁能够制定这样的政策？没有哪个人有这个胆识，哪一个党派都不行。你们看我这个讲法对不对？没有一点胆略是不行的。这个胆略是要有基础的，这就是社会主义制度，是共产党领导下的社会主义中国。"[3]

在 1997 年、1999 年顺利收回香港、澳门之后，中国中央人民政府坚守"一国两制"基本方针不动摇，坚持中央行使全面管治权和特别行政区行使高度自治权不动摇，坚持正确妥善处理"一国"和"两制"的关系不动摇，有力根据中华人民共和国宪法和特别行政区基本法的规定，妥善处理了中央与特别行政区的关系，及时化解了"一国两制"运行中的具体问题，包括六次进行基本法释法，修改有关附件，在香港修例风波后制定香港国安法等,进一步推动了"一国两制"行稳致远。

第二节 "一国两制"具有科学性、有效性、灵活性

金 句

"一国两制"是经过实践反复检验了的,符合国家、民族根本利益,符合香港、澳门根本利益，得到 14 亿多祖国人民鼎力支持，得到香港、澳门居民一致拥护，也得到国际社会普遍赞同。这样的好制度，没有任何理由改变，必须长期坚持！[4]

---

3 邓小平：《在会见香港特别行政区基本法起草委员会委员时的讲话》（1987 年 4 月 16 日），出自《邓小平文选》（第三卷），北京：人民出版社，1993 年 10 月第 1 版，第 217 页。

4 习近平：《在庆祝香港回归祖国 25 周年大会暨香港特别行政区第六届政府就职典礼上的讲话》（2022 年 7 月 1 日），《人民日报》2022 年 7 月 2 日。

香港和澳门虽然是中国领土，但由于被西方国家侵占超过百年的历史，澳门甚至被侵占超过数百年，已经也变成了一个极为棘手的国家统一难题，变成了一个具有国际影响的外交——内政复合问题。在西方占据主导地位的当代世界，处理这样的问题不像单纯地处理内政问题，而是需要智慧和策略的。不讲究策略的政策可能未必能够达成较好的目标，甚至引发不必要的负面影响。因此，考验中国共产党和中国人的智慧的时刻到来了。

"一国两制"的提出不是偶然的，它是中国人具有丰富政治智慧的一个重要体现，也是中国人的原则性和灵活性相统一的重要体现。它具有科学性、有效性、灵活性，既符合国家主权和领土完全统一的要求，又能充分尊重历史和实际。"一国两制"在中国历史上一直就有类似的传统。在西周时期，周天子就尊重地方诸侯国的实际，赋予较大的内部自主权。地方诸侯国除了遵循必要的对于周朝中央朝廷的义务，其在处理内政时有较为完整的统治权。秦朝实现了大一统，建立了中央集权的君主官僚制国家，开启了中国二千多年大一统中央集权国家的历史。毛泽东同志称"百代皆行秦政法"。但即使在秦朝，也尊重少数民族的实际和特点，在少数民族聚焦地区实行有别于郡县制的新制度，作为郡县制国家主体制度的必要补充。比如少数民族地方设置"道"这种特殊的统治区域和统治机构。这个传统在历史上一直就存在。它们是中央集权的大一统国家的重要组成部分。汉朝的时候，一部分匈奴人内附，汉朝政府尊重他们原有的统治制度，实行有别于郡县——郡国体制的行政制度。辽代的时候，北人北制、南人南制是一项非常重要的基础性政治制度和统治方式。在国家主体部分实行统一的制度，同时尊重部分特殊地区的实际实行有所不同的制度，是中国的重要传统，也是中国维持国家大一统、维持中国超大规模的一条重要原则。这些传统和经验为中国共产党人处理香港、澳门和台湾问题提供了有益的经验和启示。

当然，"一国两制"和古代的上述原则有着重大不同。这个不同就是时代的不同，是在新的历史条件实行的更为成熟的"一个国家，两种制度"，具有新制度的特点。其实施条件、具体机制、中央和特别行政区的关系也有着根本的不同。因此，"一国两制"构成了一项新制度，是中国共产党人的伟大创造，展现了中国共产党人丰富的政治智慧和政治灵活性。这项伟大的制度具有科学性、有效性。邓小平同志指出："香港问题能够解决好，还是由于'一国两制'的根本方针或者说战略搞对了，也是中英双方共同努力的结果。"[5]

第一，"一国两制"确保了中国主权和领土完整，确保了中央政府的最高国家权威地位，符合现代国家主权原则

任何一项国家制度，其要得以有效实行并符合国家利益，一个核心就是尊重国家主权和领土完整，尊重中央政府的最高国家权威地位。习近平总书记指出："'一国两制'的提出首先是为了实现和维护国家统一。在中英谈判时期，我们旗帜鲜明提出主权问题不容讨论。"[6]"'一国两制'的根本宗旨是维护国家主权、安全、发展利益，

5 邓小平：《在中央顾问委员会第三次全体会议上的讲话》（1984年10月22日），出自《邓小平文选》（第三卷），北京：人民出版社，1993年10月第1版，第85—86页。

6 习近平：《在庆祝香港回归祖国20周年大会暨香港特别行政区第五届政府就职典礼上的讲话》（2017年7月1日），《人民日报》2017年7月2日。

保持香港、澳门长期繁荣稳定。"[7]"一国两制"构想及其制度体系的核心和前提就是坚持一个中国，坚持一个中央政府，坚持主权不可分割、更不可让渡。它从一开始就建立在一个中国、实现祖国统一的目的上。"一国"是根本、是灵魂、是前提，"两制"是枝干、是衍生。只有坚持"一国"这个根本，"两制"才有生长的土壤和根基。

从实践上来看，"一国两制"践行了坚持一个国家原则、坚持实现祖国统一的立场，中央政府依据宪法和特别行政区基本法，对香港、澳门行使全面管治权，确保了中央政府拥有最高国家权威的地位，中央政府是坚持法治原则前提下的定纷止争者、最后仲裁者，即主权者，因此它有了科学的前提。这是这项制度具有科学性的主要内容之一。

第二，"一国两制"赋予特区人民的高度自治权，充分考虑了特区实际情况和各阶层各方面的需要和关切

中国共产党和中国政府一向尊重民意，以民之所望为施政之所向，是民意的尊重者、捍卫者、维护者和实践者。香港、澳门等地区具有特殊性，已经存在一套行之有效的社会制度和生活方式，当地人也对这种社会制度和生活方式拥有高度的信任和认同。因此，当地的民意是维护当地的社会制度和生活方式。这个时候，轻易地彻底这种社会制度和生活方式是没有必要的，可能也会引发不必要的问题。在这种历史条件之下，在尊重国家主权和领土完整的前提下，尊重当地的社会制度和生活方式就自然成了中国共产党和中国政府的选择。因此，

---

7 习近平：《习近平在庆祝香港回归祖国 25 周年大会暨香港特别行政区第六届政府就职典礼上的讲话》（2022 年 7 月 1 日），《人民日报》2022 年 7 月 2 日。

"一国两制"在香港、澳门的法律规定和实践中都保持了原有资本主义制度不变、生活方式不变、法律基本不变。这是对民意和实际情况的尊重。

中国是一个人民主权的国家，人民是国家的主人。中国共产党从成立之日起，就将实现人民民主作为自己的崇高追求。其全部奋斗都是为此而展开。"一国两制"除了保障国家主权和领土完整，捍卫中华民族的基本尊严，另一个重要目的就是保障当地中国人的尊严和民主权益。因此，"一国两制"构想和制度体系又坚持"一国两制"、港人治港、澳人治澳、高度自治。香港、澳门同胞在特别行政区基本法的范畴内享受高度的行政管理权、立法权、独立的司法权和终审权。这是世界上多数国家包括联邦制国家的州政府及其所在地的居民所不具有的权利。特别行政区的高度自治权，以及对特别行政区居民权益的全面有效的保护构成了"一国两制"伟大构想的科学性的又一个重要方面。

第三，精巧和周密的法律和制度设计

有了正确的思想、正确的方向、正确的战略，还需要正确的策略和机制，否则也难以成就大业。"一国两制"构想如何实践下去呢？是靠口头承诺，还是靠制度法律？还是靠有些人期待的所谓的外国的监督？再者，"一国两制"方针所要奉行的"一国两制"、港人治港、澳人治澳、高度自治如何具体呈现呢？如何打消各方疑虑呢？这些都是实实在在的问题。

最终，在中国政府的主导和推动下，中国采取法律方式来践行"一国两制"方针。首先，在宪法中规定国家实行特别行政区制度。其次，通过吸纳内地、香港、澳门居民参加起草基本法的方式，保障香港、澳门居民的诉求得到充分表达。在法律起草过程中，还反复征求特别行政区居民意见并将这些意见的合理部分吸纳到法律之中。在香港基本法起草委员会59名委员中，来自香港各方面的人士23名。起草委员会还委托香港委员在香港成立由180名各界人士组成的基本法咨询委员会，广泛收集香港社会各界的意见和建议。1988年4月，起草委员会公布香港基本法草案征求意见稿，1989年2月，全国人大常委会公布香港基本法草案，这两次均同时在香港和内地广泛征求意见。香港和内地社会各界人士踊跃参与讨论，仅香港人士就提出近8万份意见和建议。最后，法律由中国最高国家权力机关全国人大审议通过，赋予基本法以极大权威。基本法内容分成了"序言""总则""中央和香港／澳门特别行政区的关系""居民的基本权利和义务""政治体制""经济""教育、科学、文化、体育、宗教、劳工和社会服务"（澳门基本法此部分标题为"文化和社会事务"），"对外事务""本法的解释和修改""附则"。主体内容为9章。这些规定充分而恰当地处理了中央与特别行政区关系、特别行政区政体体制、居民权益等各种关系各种问题，并将行政长官产生办法、立法会产生办法、在特别行政区实施的全国性法令等列在附件中，有利于根据国家需要和特别行政区的意愿进行必要的调整。

主权原则的坚定性、具体处理方式上的灵活性；对最高国家权威的尊重和特别行政区居民广泛权利的双向尊重；对中国单一制的中央集权国家传统和宪法精神的尊重与对特别行政区实际和历史的尊重；实施方式的科学性和与国际的接轨；制度设计上的科学性等，构成了"一国两制"科学性的基本来源。

第三节 中方策略科学灵活，尊重英国和葡萄牙的利益

处理香港、澳门问题，不单单是中国一家的事，当时的香港、澳门是处于英国、葡萄牙统治之下，是被殖民统治的中国领土。因此，中国政府要收回香港、澳门必须妥善而有效地与英国、澳门打交道，较好地尊重英国、葡萄牙在香港、澳门的利益。香港是一个当时有600万人口的重要经济体，英国是当时也是当下世界上的重要国家。澳门人口较为有限，其宗主国葡萄牙的实力相对较弱一些，但也是西方发达国家集团的一部分。收回香港、澳门并不是一件轻松的事情，而是一件非常敏感复杂的大事。中国采取了科学、灵活的政策和技巧。

首先，中国坚定坚持主权不可以谈判、中国必须在 20 世纪收回香港澳门的根本立场和坚定意志一直未曾有任何动摇

中国极早即提出主权不容谈判原则并一直坚持，为中国收回香港、澳门划定了最为科学的底线。1982 年 9 月，英国首相玛格丽特·撒切尔夫人访华，邓小平因香港前途问题与其进行谈判。邓小平提出，关于收回香港主权问题，可以用"一个国家，两种制度"的方案解决。他强调：关于主权问题，中国在这个问题上没有回转余地。应该明确规定中国将于 1997 年收回香港。双方最后达成共识，通过外交途径商谈解决香港问题。有了这条底线，无论怎么样谈判，方向都是正确的，都是有利于中国的。包括在谈判过程中，英国特别提出主权、治权相分离等方式，中国都因为有底线的坚持，有效地破除了谈判中的旋涡和分歧。

同时，针对香港澳门问题，中国政府采取谈判的方式，而非战争、暴力或者其他的方式，这就使得中国始终站在道义的上风，顺应了和平与发展的世界潮流，而不是处于道义的下风。这种方式较为容易为英国、葡萄牙接受。事实上，英国、葡萄牙认同通过谈判来处理香港、

澳门问题。在谈论过程中，中方的坚定立场、强大意志，是英国在谈判和处理香港问题时始终必须慎重对待的，发挥了纠偏和校正航向等多重作用，是确保香港、澳门问题朝着"一国两制"方向发展，确保香港和澳门得以顺利收回的重要原因。

其次，中国政府在处理香港、澳门问题时，在维护国家主权和领土完整的前提下，尊重了英国、葡萄牙在当地的经济利益和文化利益

香港被英国统治一个半世纪，澳门被葡萄牙统治数百年，在当地有着巨大的政治经济利益。同时香港又是国际金融中心，美国、日本、西欧等国家在那里有大量的投资，中国恢复对香港、澳门的主权，首先要处理中国同英国、葡萄牙的关系，其次还有中国和世界不少发达国家的关系问题，处理得不好，可能给世界和平与稳定带来影响。在谈判过程中，中国都对他们的利益予以了必要的尊重。《中英关于香港问题的联合声明》中就以"中华人民共和国政府声明"方式，将"香港特别行政区可同联合王国和其他国家建立互利的经济关系。联合王国和其他国家在香港的经济利益将得到照顾"纳入中华人民共和国对香港的基本方针范围。《中葡关于澳门问题的联合声明》也以"中华人民共和国政府声明"方式，将"澳门特别行政区可同葡萄牙和其他国家建立互利的经济关系。葡萄牙和其他国家在澳门的经济利益将得到照顾。在澳门的葡萄牙后裔居民的利益将依法得到保护"纳入中华人民共和国对澳门的基本方针范围。这就能够保障两国的基本利益，有利于取得两国的配合。

再次，中国政府采取了既合作又斗争的正确方式

在收回香港、澳门的谈判过程中，存在大量的曲折和波澜，中国政府采取了有底线的针锋相对的对策和举措予以化解。中英谈判关于香港问题的谈判从 1982 年 9 月延续至 1984 年 9 月，分为两个阶段，历时两年。在两年时间里，无论是第一阶段的试探拉锯，还是第二阶段的 22 轮谈判，中英围绕主权和治权问题的斗争贯穿始终，中英围绕主权和治权问题的斗争贯穿始终，中国都有效化解。在中英第一阶段谈判过程中，英国在香港主权问题上坚持三个不平等条约有效论，要求延长对香港的管治，中方则强调谈判要以恢复行使主权为前提。双方产生争执，谈判没有进展。英国还在谈判之外，通过美化香港现行政治体制、打民意牌和经济牌等多种方式向中方进行施压。对此，中国排除干扰，按照既定部署，有条不紊开展收回香港的准备工作。1984 年 12 月，五届全国人大五次会议通过宪法，第 31 条规定："国家在必要时得设立特别行政区。在特别行政区内实行的制度按照具体情况由全国人民代表大会以法律规定。"宪法第 62 条规定全国人大一条重要职责就是"决定特别行政区的设立及其制度"。这对英国明显带来了压力。面对中国的坚定意志，并且获悉中国关于香港前途的方案有可能提交在 1983 年 6 月召开的六届全国人大一次会议审议通过，担心这将给自己带来被动，英国遂于 1983 年 3 月由英国首相致函中国政府总理，建议中英双方举行实质性会谈。1983 年 4 月，中共中央原则批准了关于解决香港问题的十二条基本方针政策，将其作为下一阶段谈判基础，或在外交谈判难以达到目的时自行公布。

1983 年 7 月，中英两国谈判进入第二阶段。在前几轮中，英国仍旧坚持"以主权换治权"的立场，提出在"在承认中国对香港的主权的原则下，由英国继续大体上像过去那样管治香港"。谈判陷入僵局。1983 年 9 月，邓小平在会见英国前首相希思时指出，想用主权来换治权是行不通的。希望不要再在治权问题上纠缠，不要搞成中国单方面发表声明收回香港，而是要中英联合发表声明。在香港问题上，希望撒切尔夫人和英国政府采取明智的态度，不要把路走绝了。如果英国不改变态度，中国就不得不在 1984 年 9 月单方面公布解决香港问题的方针政策。英国被迫回到谈判桌，但英国仍旧存在幻想，一直提出与中国主权原则相冲突的主张。英国反对香港回归后直辖于中央政府，企图用最大程度的自治来修改中方主张的高度自治；要求中方承诺不在香港驻军，企图限制中国对香港行使主权；英方还要求中方承诺在 1997 年后原封不动地保留香港政府的结构和过渡时期英国可能作出的改变，等等。由于针锋相对的斗争，英方上述图谋均未实现。

1989 年政治风波后，英国在香港问题上的立场出现了很大倒退。英国先是宣布推迟中英联合联络小组的工作日程安排和土地委员会的工作，接着又连续打出"两局共识""居英权计划""人权法案""新机场建设"四张牌。特别是最后一任港督彭定康就任后，罔顾中英双方已经达成的有关协议，竭力推行所谓"政改方案"，单方面对香港政治体制作出重大改变。彭定康的"政改方案"从提出的方式到内容都违反了《中英联合声明》，违反了与香港基本法衔接的原则，也违反了中英双方达成的有关协议和谅解，遭到中方的坚决反对。中方决定"以我为主""另起炉灶"，提前着手筹备成立香港特别行政区的工作。1993 年，全国人大常委会设立特别香港特别行政区筹备委员会预备工作委员会，做了大量卓有成效的工作，为完成筹建香港特别行政区的工作创造了有利条件。中国共产党和中国政府具有丰富的政治经验、高超的外交艺术，在收回香港澳门的过程中，发扬敢于坚持、敢于斗争的精神，进行了有理有利有节的斗争，这是确保在收回香港、澳门过程中没有被对方带偏的重要原因。

第四节 中华文明的纽带作用、港澳居民的爱国精神

中华文明是世界主要的文明之一，完全可以位列世界最优秀文明阵营。它是中国人生活和栖居的根本所在、是中国人安身立命之所。中华文明是一种以政治属性为第一属性的文明，政治在中华文明中具有极为重要的地位，这种地位相当程度上是决定性的。中华文明没有普世性宗教，中国人以国家为宗教，推崇国家、热爱国家，视国家为文明和社会的保护神，爱国主义是中华民族的核心内容。大一统是中华文明极具标识性的特征。追求国家统一在中国人心中被视为至高的价值。由于中华文明的这种特性，中国人一直存在超乎寻常的向心力。香港、澳门虽然被外国侵占，但是中华文明的血脉并没有中断，相反，中华文明仍旧延续着并且得到了较好的发展，绝大多数香港、澳门人都高度认同中华文明，存在强烈的中华文明情结。这是维系香港、澳门居民家国情怀的主要纽带。2019 年 12 月 20 日，习近平在庆祝澳门回归祖国 20 周年大会暨澳门特别行政区第五届政府就职典礼上指出："广大澳门同胞素有爱国传统，有强烈的国家认同感、归属感和民族自豪感，这是'一国两制'在澳门成功实践的最重要原因。"[8]2022年 5 月 27 日，习近平在十九届中央政治局第三十九次集体学习时指出："中华文明源远流长、博大精深，是中华民族独特的精神标识，是当代中国文化的根基，是维系全世界华人的精神纽带，也是中国文化创新的宝藏。"[9]中华文明的强大纽带作用，特别行政区居民较强的爱国

8　习近平：《在庆祝澳门回归祖国 20 周年大会暨澳门特别行政区第五届政府就职典礼上的讲话》（2019 年 12 月 20 日），《人民日报》2019 年 12 月 21 日。

9　习近平：《把中国文明历史研究引向深入　增强历史自觉坚定文化自信》，《求是》2022 年第 14 期。

精神和向心力，为国家统一奠定重要基础。

中华人民共和国成立以来，特别是改革开放以后，中国日新月异，彻底改变了旧中国积贫积弱的面貌，中国国力迅速抬升，中国人的国际地位极大提升，改革开放展示了中华民族伟大复兴的光明前景，进一步增强了香港、澳门居民的爱国主义情怀。

从被英国、葡萄牙侵占开始，香港、澳门人民反抗殖民统治的斗争从来没有中断过。这一切都显示了香港、澳门人民存在着爱国主义，存在强大的向心力。20世纪以来，香港更是出品了一大波爱国主义电影、歌曲，电影《黄飞鸿》《精武门》《猛龙过江》，流露于强烈的中华儿女情结、中华民族情结、振兴国家情结、反对外国侵略心理。歌星张明敏的《我的中国心》、歌星刘德华的《中国人》、歌星叶振棠的《万里长城永不倒》唱出了无数中国人的爱国情怀。这些都是香港居民心系祖国、盼望国家统一、盼望民族复兴的重要见证。

由于曾经被外国统治超过百年、数百年历史，香港、澳门的历史和现实比较复杂，存在各种观点的人，各种政治势力、社会势力，但是其主体仍旧是中国人，90%以上的居民是中国人或者中国人的后代。大多数居民是爱国的，存在强大的向心力，认同中国、认同国家统一社会的主流，这为"一国两制"的成功实践奠定了重要基础。政治学者田飞龙指出："香港能够回归，与香港同胞的爱国热情及与大陆人民之命运共同体的基础有关，但更与新中国的主权实力及改革开放前景有关。"[10]澳门的情况也是一样的，澳门人民的爱国情怀一直非常

---

10 田飞龙：《香港基本法与国家建构——回归二十年的实践回顾与理论反思》，《学海》2017年第4期。

强烈。在香港、澳门回归后，当地中国人具有的强烈爱国情怀、民族精神是"一国两制"得以顺利践行的重要基础。

第五节 较为有利的国际环境

中国收回香港、澳门的国际环境，整体上是二战以后世界殖民体系逐步瓦解的时代，也是亚非拉国家独立和兴起的时代，殖民主义思想在世界上遭到了日益强烈的批评，反对殖民主义成为世界主流思想，相当多的民族国家得到独立，反对帝国主义反对殖民主义的力量越来越壮大。这个大环境对于中国是非常有利的。

1971年10月25日，中国恢复了在联合国的合法席位。当时，联合国非殖民化特别委员会将香港和澳门列在殖民地名单之中。按照国际惯例，一般意义上的殖民地可以拥有走向独立或是成为独立政治实体的前景。1972年，中国常驻联合国代表致函联合国非殖民化特别委员会主席，指出香港、澳门是属于历史遗留下来的帝国主义强加于中国的一系列不平等条约的结果，香港和澳门是被英国和葡萄牙当局占领的中国领土的一部分，解决香港、澳门问题完全属于中国主权范围内的问题，根本不属于通常的所谓殖民地范畴，因此不应列入反殖宣言中适用的殖民地地区的名单之内。

中国的意见得到了重视。1972年11月，联合国大会通过决议，批准联合国非殖民化特别委员会的报告，接受中国政府的立场，将香港和澳门从反殖民主义宣言适用的殖民地名单中删除，明确了香港和澳门不具有殖民地地位，属于待收回的中国领土，不存在所谓"民族自决"或"独立"的问题，为中国解决香港、澳门问题奠定了重要基础。中国的意见之所以能够被采纳，一方面是因为中国国力的强盛，但同时也和世界历史大潮流有关。这种反对殖民主义的潮流有利于中国推进香港、澳门收回工作。

另一个国际大环境就是英国和葡萄牙的相对衰落。这两个国家曾经是历史上的强国。但在二战中，都遭到了严重的削弱，特别是英国，已经丧失了资本主义世界的霸权国地位，沦为了美国的"小兄弟"。葡萄牙更是逐步成了欧洲的一个中等实力的国家，其世界影响力比较小，综合国力远远不如中国。国力是外交的后台，国家实力的相对衰落，中国国力的相对上升，就形成了对中国更加有利的局势。如果是英国被称为"日不落帝国"的时代，英国对待香港的态度可能会有极大的不同。因此，国际环境也在朝着对中国有利的方向发展。这些要素都为"一国两制"的成功实践打下了重要基础。

第五章
党中央对台大政方针政策的发展演变

前文已经充分介绍了以毛泽东同志为核心的党的第一代中央领导集体、以邓小平同志为核心的党的第二代中央领导集体的对台方针政策。此后，党中央在坚持"和平统一、一国两制"对台大政方针的基础上，不断丰富和完善对台方针政策，推动两岸关系继续发展，不断取得重大突破。

第一节　第三代中央领导集体的对台大政方针政策

1989 年 6 月，中国共产党十三届四中全会选举产生了以江泽民同志为核心的党的三代中央领导集体。新一代中央领导集体延续了邓小平同志提出的"和平统一、一国两制"对台方针政策并根据形势发展而有所创新和调整。

1992 年 10 月，中国共产党召开第十四次全国代表大会。江泽民在报告中阐释了建设有中国特色社会主义理论，并将"一个国家、两种制度"的创造性构想列为中国特色社会主义理论的主要内容之一，强调"坚定不移地按照'和平统一、一国两制'的方针，积极促进祖国统一""坚决反对任何形式的'两个中国''一中一台'或'一国两府'，坚决反对任何旨在制造台湾"独立"的企图和行动。我们将继续促进两岸直接通邮、通航、通商，推动两岸人民的往来和各个领域的交流合作，特别是大力发展两岸经济合作，共同振兴民族经济。我们再次重申，中国共产党愿意同中国国民党尽早接触，以便创造条件，就正式结束两岸敌对状态、逐步实现和平统一进行谈判。在商谈中，可以吸收两岸其他政党、团体和各界有代表性的人士参加。在一个中国的前提下，什么问题都可以谈，包括就两岸正式谈判的方式问题同台湾方面进行讨论，找到双方都认为合适的办法。"[1]

进入 20 世纪 90 年代，台海形势出现两方面显著变化。首先是 1949 年以来的两岸同胞隔绝状态自 1987 年底被打破以后，两岸民间交流兴起。1992 年开始，海峡两岸关系协会与台湾海峡交流基金会进行商谈。与此同时，苏联解体，世界政治的两极格局被打破，美国成为世界上唯一的超级大国，拥有更多的话语霸权和政治空间。蒋经国去世后，继任的台湾当局领导人李登辉逐步背弃一个中国原则，图谋制造"两个中国"，对"台独"势力采取纵容态度，严重影响两岸关系。

延伸阅读："九二共识"的由来

1992 年，海协会与台湾海基会受权就在两岸事务性商谈中表述坚持一个中国原则事宜进行协商。经过当年 10 月香港会谈及其后一系列函电往来，达成了各自以口头方式表述"海峡两岸均坚持一个中国原则"的共识，后来被概括为"九二共识"。其核心含义是大陆和台湾同属一个中国，两岸不是国与国关系，从而明确界定了两岸关系的

---

1 江泽民：《加快改革开放和现代化建设步伐，夺取有中国特色社会主义事业的更大胜利——江泽民在中国共产党第十四次全国代表大会上的报告》（1992 年 10 月 12 日），出自《江泽民文选》（第 1 卷），北京：人民出版社，2006 年 8 月第 1 版，第 251-252 页。

根本性质。"九二共识"是各自以口头方式表述海峡两岸均坚持一个中国原则的共识。达成共识的方式是各自口头表述，构成共识的内容就是上述经过协商、相互认可的具体文字，核心是坚持一个中国原则。共识中，两会都表明了"谋求国家统一""海峡两岸均坚持一个中国原则"的基本态度。对于一个中国的政治含义，台湾海基会表示"认知各有不同"，海协会表示"在事务性商谈中不涉及"，作了求同存异的处理。在两岸之间固有矛盾一时难以解决的历史条件下，"九二共识"的达成，体现了两岸双方搁置争议、求同存异的政治智慧，确立了两岸商谈的政治基础，为两会开展协商并取得成果提供了必要前提。

延伸阅读：国务院台湾事务办公室

中共中央台湾工作办公室是中共中央主管对台工作的职能部门。国务院台湾事务办公室是根据 1988 年 9 月 9 日国务院第 21 次常务会议决定成立的国务院主管台湾事务的办事机构。1991 年 3 月，国务院台湾事务办公室与中共中央台湾工作办公室一个机构两块牌子，列入中共中央直属机构序列。该办公室遵循党中央和国务院制定的方针、政策，负责管理、指导、协调国务院有关部门和省、市、自治区人民政府在经济、科技、教育文化等方面涉台事务；对各部门、各地区贯彻执行党中央、国务院方针、政策的情况进行督促检查，组织制定涉台事务的有关政策和规定。

延伸阅读：海峡两岸关系协会

海峡两岸关系协会是于 1991 年 12 月 16 日在北京成立的社会团体法人。《海峡两岸关系协会章程》规定，海协会以促进海峡两岸交往、推动两岸关系和平发展、实现祖国和平统一为宗旨。为实现上述宗旨，海协会致力于加强同赞成本会宗旨的社会团体和各界人士的联系与合作；协助有关方面促进海峡两岸各项交往和交流；协助有关方面处理海峡两岸同胞交往中的问题，维护两岸同胞的正当权益；接受大陆有关方面委托，与台湾有关部门和受权团体、人士商谈海峡两岸交往中的有关问题，并可签订协议性文件。海协会最高权力机构为理事会，理事由社会各界和有关方面推荐、协商产生，任期一届五年。海协会设会长一人，常务副会长一人，副会长若干人，秘书长一人，组成常务理事会，作为理事会的常设执行机构。海协会办事机构设秘书部、研究部、协调部、联络部、经济部。海协会成立迄今共组成过四届理事会。台湾方面有海峡交流基金会，简称海基会。

在这个背景下，1995年1月30日，江泽民同志发表《为促进祖国统一和平大业的完成而继续奋斗》的重要讲话，提出了发展两岸关系、推进祖国和平统一的八项主张，成为当时发展两岸关系的重要指导思想。江泽民这一重要讲话继承和发展了邓小平"和平统一、一国两制"的思想，提出了当时发展两岸关系、推进祖国和平统一进程的八项主张，充分体现了中国共产党和中国政府团结两岸同胞，共同完成祖国和平统一大业的决心和诚意，是解决台湾问题的纲领性文件，对发展两岸关系、推动祖国和平统一进程具有重大历史意义和现实指导意义。主要内容如下：

1. 坚持一个中国原则，是实现和平统一的基础和前提。中国的主权和领土决不容许分割。任何制造"台湾独立"的言论和行动，都应坚决反对；主张"分裂分治""阶段性两个中国"等等，违背一个中国的原则，应坚决反对。

2. 对于台湾同外国发展民间性经济文化关系不持异议。但是，反对台湾以搞"两个中国""一中一台"为目的的所谓"扩大国际生存空间"的活动。只有实现和平统一后，台湾同胞才能与全国各族人民一道，真正充分地共享伟大祖国在国际上的尊严与荣誉。

3. 进行海峡两岸和平统一谈判。在和平统一谈判的过程中，可以吸收两岸各党派、团体有代表性的人士参加。在一个中国的前提下，什么问题都可以谈。作为第一步，双方可以先就"在一个中国原则下，正式结束两岸敌对状态"进行谈判。

4. 努力实现和平统一，中国人不打中国人。我们不承诺放弃使用武力，绝不是针对台湾同胞，而是针对外国势力干涉中国统一和搞"台湾独立"的图谋的。

5. 大力发展两岸经济交流与合作，造福整个中华民族。继续长期执行鼓励台商投资的政策。继续加强两岸同胞的相互往来和交流，增进了解和互信。采取实际步骤加速实现直接"三通"。促进两岸事务性商谈。

6. 中华各族儿女共同创造的五千年灿烂文化，是维系全体中国人的精神纽带，也是实现和平统一的一个重要基础。两岸同胞要继承和发扬中华文化的优秀传统。

7. 充分尊重台湾同胞的生活方式和当家作主的愿望，保护台湾同胞一切正当权益。欢迎台湾各党派、各界人士，同我们交换有关两岸关系与和平统一的意见，也欢迎他们前来参观、访问。

8. 欢迎台湾当局的领导人以适当身份前来访问；也愿意接受台湾方面的邀请，前往台湾。可以共商国是，也可以先就某些问题交换意见。中国人的事我们自己办，不需要借助任何国际场合。海峡咫尺，殷殷相望，总要有来有往，不能"老死不相往来"。

八项主张对于两岸关系体现了中央对台工作大政方针的一贯性、连续性和新发展，是指导新形势下对台工作的纲领性文件，对两岸关系发展产生了重要影响。

20世纪90年代中后期，两岸经济文化交流和人民往来不断发展，有更多国家同中国建交并承认一个中国原则。但与此同时，台湾当局领导人李登辉在分裂祖国的道路上越走越远，提出"两国论"分裂主张。"台独"思潮在岛内蔓延，"台独"势力不断坐大。2000年5月，主张"台独"的民进党在台湾执政，推动"台独"活动升级，阻扰两岸关系发展，台海形势紧张动荡。

面对新形势，以江泽民同志为核心的党的第三代中央领导集体提出一系列新的重要论断和主张，丰富、发展了中央对台方针政策。一是强调在发展的基础上解决台湾问题。强调发展是硬道理，是必须始终坚持的一个战略思想。解决台湾问题，完成祖国统一大业，要靠发展。要大力发展经济，增强综合国力，主要是经济实力、科技实力、军事实力，为最终解决台湾问题奠定坚实而强大的基础。二是提出两岸关系中坚持一个中国原则的新表述。2000年8月24日，国务院副总理钱其琛会见台湾联合报系访问团时表示："就两岸关系而言，我们主张的一个中国原则是：世界上只有一个中国，大陆和台湾同属于一个中国，中国的主权和领土完整不容分割。"三是强调努力争取和平统一的实现，同时加强反"台独"军事斗争准备。四是将争取台湾民心提升到"是完成祖国统一的重要基础"的高度。争取台湾民心，是完成祖国统一的重要基础，不仅全党同志要做，而且要动员和组织全社会各方面力量都来做。[2]

第二节 第四代中央领导集体对台大政方针政策

2002 年 11 月，中国共产党选举产生了以胡锦涛为总书记的党中央。中国改革开放和现代化建设巨大成就产生越来越大的影响。与此同时，岛内分裂势力日益猖獗。

（一）党的十六大报告

2002 年 11 月，中国共产党第十六次全国代表大会召开，提出了一个时期对台工作的指导思想和总体要求。

坚持"和平统一、一国两制"的基本方针和现阶段发展两岸关系、推进祖国和平统一进程的八项主张，同台湾同胞一道，加强两岸人员往来和经济文化等领域的交流，坚决反对台湾分裂势力。两岸关系的基本格局和发展趋势没有改变。台湾同胞求和平、求安定、求发展的意愿日益增强。台湾分裂势力的分裂活动不得人心。

坚持一个中国原则，是发展两岸关系和实现和平统一的基础。世界上只有一个中国，大陆和台湾同属一个中国，中国的主权和领土完整不容分割。对任何旨在制造"台湾独立""两个中国""一中一台"的言行，我们都坚决反对。台湾前途系于祖国统一。开展对话，进行和平统一谈判，是我们的一贯主张。我们再次呼吁，在一个中国原则的基础上，暂时搁置某些政治争议，尽早恢复两岸对话和谈判。在一个中国的前提下，什么问题都可以谈，可以谈正式结束两岸敌对状态

2　中共中央台湾工作办公室编：《中国台湾问题》（修订版），北京：九州出版社，2015 年 3 月第 1 版，第 45—46 页。

问题，可以谈台湾地区在国际上与其身份相适应的经济文化社会活动空间问题，也可以谈台湾当局的政治地位等问题。

解决台湾问题、实现祖国的完全统一，寄希望于台湾人民。台湾同胞具有光荣的爱国主义传统，是发展两岸关系的重要力量。我们充分尊重台湾同胞的生活方式和当家作主的愿望。两岸应该扩大交流交往，共同弘扬中华文化的优秀传统。实现两岸直接通邮、通航和通商，是两岸同胞的共同利益所在，完全应该采取实际步骤积极推进，开创两岸经济合作的新局面。

"一国两制"是两岸统一的最佳方式。两岸统一后，台湾可以保持制度不便，高度自治。台湾同胞的生活方式不变，他们的切身利益将得到充分保障，永享太平。台湾同胞可以和大陆同胞一道，行使管理国家的权利。

（二）反分裂国家法的制定

李登辉不再担任台湾地区领导人后，民进党借助国民党内部的分裂，以微弱优势获得选举胜利。陈水扁担任台湾地区领导人。陈水扁上台后，顽固坚持"台独"分裂立场，继 2002 年 8 月抛出两岸"一边一国"的分裂主张后，2003 年提出"催生台湾新宪法"时间表，2004 满连任后开始推动"宪政改造"、谋求"台湾法理独立"，"台独"危险性上升。

以胡锦涛同志为总书记的党中央客观、全面、辩证分析台湾形势，作出关于对台工作的一系列决策和部署，强调继续以最大诚意、尽最大努力争取和平统一的前景，同时决不允许"台独"势力把台湾从祖国分裂出去。

　　2003 年 11 月，面对广大人民群众、社会各界人士和香港、澳门同胞、海外侨胞要求以法律手段反对和遏制"台独"图谋的呼声，中共中央作出制定《反分裂国家法》的重大决策部署。2004 年 12 月，全国人大常委会会议认真审议反分裂国家法草案，决定将法律草案提请 2005 年 3 月召开的十届全国人大三次会议审议。

　　在十届全国人大三次会议审议反分裂国家法草案前夕，2005 年 3 月 4 日，胡锦涛在参加全国政协十届三次会议民革、台盟、台联委员连组会时发表重要讲话，分析了台海形势及其最新发展，提出了新形势下发展两岸关系的四点意见。其要点就是，坚持一个中国原则决不动摇，争取和平统一的努力决不放弃，贯彻寄希望于台湾人民的方针决不改变，反对"台独"分裂活动决不妥协。[3]

　　2005 年 3 月 14 日，十届全国人大三次会议高票通过《反分裂国家法》。《反分裂国家法》的制定实施，是国家政治生活中的大事，是两岸关系发展史上具有里程碑意义的大事。这部重要法律将中央关于解决台湾问题的大政方针以法律的形式固定下来，充分体现大陆以最大的诚意、尽最大的努力争取和平统一的一贯主张，同时表明了全中国人民维护国家主权和领土完整，绝不允许"台独"分裂势力把台湾从中国分裂出去的共同意志和坚定决心。它的颁布实施，对推动两岸关系发展，促进两岸和平统一，反对和遏制"台独"分裂势力分裂国家，维护台湾海峡地区和平稳定，维护国家主权和领土完整，维护中华民族根本利益，具有重大的现实作用和深远的历史影响。

3　《胡锦涛提出新形势下发展两岸关系的四点意见》（2005 年 3 月 4 日），见中央台办编：《中国台湾问题（修订版）配套资料》，北京：九州出版社，2015 年 3月第 1 版，第 105—108 页。

（三）两岸关系和平发展重要思想

"和平统一、一国两制"思想的一个自然逻辑就是推动两岸关系和平发展，但这需要特定的历史条件和现实条件。在 2008 年 5 月，台湾岛内发生了政权更替，国民党获得选举胜利，重新上台，两岸关系和平发展思想逐步变成现实。但从历史经纬来看，两岸关系和平发展思想更早就有了孕育和萌芽。

2005 年 4 月至 5 月，中共中央和胡锦涛总书记邀请国民党主席连战、亲民党主席宋楚瑜先后率团来访，胡锦涛分别与他们进行了正式会谈，取得重要共识。胡锦涛与连战 4 月 29 日会谈后发表《两岸和平发展共同愿景》，提出"两岸关系和平发展符合两岸同胞的共同利益，也符合亚太地区和世界的利益"。这是两岸双方首次共同提出"两岸关系和平发展"的概念。2006 年 4 月 16 日，胡锦涛总书记会见国民党主席连战时，首次提出"和平发展理应成为两岸关系发展的主题，成为两岸同胞共同为之奋斗的目标"，并且呼吁"两岸同胞携起手来，牢牢把握两岸关系和平发展这个主题"。确定和平发展为两岸关系的主题，指明了两岸关系发展的方向，具有重大意义。

2007 年 10 月，中国共产党召开第十七次全国代表大会。胡锦涛总书记在党的十七大报告中指出："将遵循'和平统一、一国两制'的方针和现阶段发展两岸关系、推进祖国和平统一进程的八项主张，坚持一个中国原则决不动摇，争取和平统一的努力决不放弃，贯彻寄希望于台湾人民的方针决不改变，反对'台独'分裂活动决不妥协，牢牢把握两岸关系和平发展的主题，真诚为两岸同胞谋福祉、为台海地区谋和平，维护国家主权和领土完整，维护中华民族根本利益。""坚持一个中国原则，是两岸关系和平发展的政治基础。尽管两岸从未统一，但大陆和台湾同属一个中国的事实从未改变。""郑重呼吁，在一个中国原则的基础上，协商正式结束两岸敌对状态，达成和平协议，构建两岸和平发展框架，开创两岸关系和平发展新局面。"[4]

2008年3月22日，台湾地区同时举办"以台湾名义加入联合国公投"和台湾当局领导人选举。陈水扁当局推动举办的"入联公投"未达到通过所需的票数，其法理谋独的阴谋破产。民进党在台湾当局领导人选举中失败，国民党获胜。两岸关系发展迎来新机遇。

党中央审时度势，及时提出两岸关系和平发展的新政策、新主张。2008年12月31日，中共中央总书记胡锦涛在纪念《告台湾同胞书》发表30周年座谈会上发表题为《携手推动两岸关系和平发展同心实现中华民族伟大复兴》的重要讲话。全面总结30年来中央对台工作大政方针的发展、推动两岸关系取得的历史性成就和对台工作的基本经验，在此基础上首次全面系统阐述了两岸关系和平发展重要思想，提出了推动两岸关系和平发展的政策主张，是指导新形势下对台工作的纲领性文件。其主要思想观点和政策主张如下。

第一，解决台湾问题的核心是实现祖国统一，目的是维护和确保国家主权和领土完整，追求包括台湾同胞在内的全体中华儿女的幸福，实现中华民族伟大复兴。以和平方式实现祖国统一符合包括台湾同胞在内的中华民族根本利益，也符合求和平、谋发展、促合作的时代潮流。以大诚意、尽大努力争取祖国和平统一。首先要确保两岸关系和平发

4　胡锦涛：《高举中国特色社会主义伟大旗帜，为夺取全面建设小康社会新胜利而奋斗——在中国共产党第十七次全国代表大会上的报告》，北京：人民出版社，2007年10月第1版。

展,这有利于两岸同胞加强交流合作、融洽感情,有利于两岸积累互信、解决争议,有利于两岸经济共同发展、共同繁荣,有利于维护国家主权和领土完整、实现中华民族伟大复兴。

第二,要牢牢把握两岸关系和平发展的主题,积极推动两岸关系和平发展,实现中华民族的团结、和谐、昌盛。我们应该把坚持大陆和台湾同属一个中国作为推动两岸关系和平发展的政治基础,把深化交流合作、推进协商谈判作为推动两岸关系和平发展的重要途径,把促进两岸同胞团结奋斗作为推动两岸关系和平发展的强大动力,携手共进,戮力同心,努力开创两岸关系和平发展新局面。

第三,就推动两岸关系和平发展提出六点意见:

1、恪守一个中国,增进政治互信。维护国家主权和领土完整是国家核心利益。两岸在事关维护一个中国框架这一原则问题上形成共同认知和一致立场,就有了构筑政治互信的基石,什么事情都好商量。两岸应该本着建设性态度,积极面向未来,共同努力,创造条件,通过平等协商,逐步解决两岸关系中历史遗留的问题和发展过程中产生的新问题。

2、推进经济合作,促进共同发展。两岸同胞要开展经济大合作,扩大两岸直接"三通",厚植共同利益,形成紧密联系,实现互利双赢。继续欢迎并支持台湾企业到大陆经营发展,鼓励和支持有条件的大陆企业到台湾投资兴业。期待实现两岸经济关系正常化,推动经济合作制度化,为两岸关系和平发展奠定更为扎实的物质基础、提供更为强大的经济动力。两岸可以为此签订综合性经济合作协议,建立具有两岸特色的经济合作机制。

3、弘扬中华文化,加强精神纽带。两岸同胞要共同继承和弘扬中华文化传统，开展各种形式的文化交流，使中华文化薪火相传、发扬光大，以增强民族意识、凝聚共同意志，形成共谋中华民族伟大复兴的精神力量。尤其要加强两岸青少年交流，不断为两岸关系和平发展增添蓬勃活力。

4、加强人员往来，扩大各界交流。两岸同胞要扩大交流，两岸各界及其代表性人士要扩大交流，加强善意沟通，增进相互了解。对于任何有利于推动两岸关系和平发展的建设性意见，我们都愿意作出积极回应。我们将继续推动国共两党交流对话，共同落实"两岸和平发展共同愿景"。

5、维护国家主权，协商涉外事务。两岸在涉外事务中避免不必要的内耗，有利于增进中华民族整体利益。对于台湾同外国开展民间性经济文化往来的前景，可以视需要进一步协商。对于台湾参与国际组织活动问题，在不造成"两个中国""一中一台"的前提下，可以通过两岸务实协商作出合情合理安排。

6、结束敌对状态，达成和平协议。为有利于两岸协商谈判、对彼此往来作出安排，两岸可以就在国家尚未统一的特殊情况下的政治关系展开务实探讨。为有利于稳定台海局势，减轻军事顾虑，两岸可以适时就军事问题进行接触交流，探讨建立军事互信机制问题。再次呼吁，在一个中国原则的基础上，协商正式结束两岸敌对状态，达成和平协议，构建两岸关系和平发展框架。

第四，两岸同胞是血脉相连的命运共同体。实现中华民族伟大复兴要靠两岸同胞共同奋斗，两岸关系和平发展新局面要靠两岸同胞共同开创，两岸关系和平发展成果由两岸同胞共同享有。要坚持以人为本，把寄希望于台湾人民的方针贯彻到各项对台工作中去。台湾的前途系于两岸关系和平发展，系于中华民族伟大复兴。[5]

2008 年以来，对台工作在两岸关系和平发展重要思想的指引下不断取得新成就，开创了两岸关系和平发展的崭新局面，开辟了两岸关系和平发展的正确道路。

第三节 党的十八大以来中央对台大政方针政策

2012 年 11 月，党的十八届一中全会选举产生了以习近平同志为核心的党中央。习近平总书记站在党和国家事业发展全局和中华民族伟大复兴的战略高度，敏锐洞察国内国际形势和台海形势新变化，深刻总结党对台工作理论与实践的发展历程和经验启示，就对台工作发表一系列重要论述，提出一系列新理念、新思想、新战略，形成新时代党解决台湾问题的总体方略，对台工作进入全新阶段。新时代党解决台湾问题的总体方略是习近平新时代中国特色社会主义思想的重要组成部分，是中国共产党人在解决台湾问题、推进祖国统一实践中形成的最新理论结晶。这其中特别重要的是，党的十八大报告、十九大报告、二十大报告，以及习近平总书记在纪念《告台湾同胞书》发表 40 周年纪念会上的重要讲话等，集中阐释了新时代党对台方针政策。新时代党解决台湾问题的总体方略博大精深、逻辑严密、内容丰富，主要包括以下几个方面。

第一，携手推动民族复兴，实现和平统一目标。民族复兴、国家统一是大势所趋、大义所在、民心所向。解决台湾问题、实现祖国完全统一，是中国共产党矢志不渝的历史任务，是全体中华儿女的共同

---

5 胡锦涛：《携手实现两岸关系和平发展 同心实现中华民族伟大复兴》（2008 年 12 月 31 日），出自《中国台湾问题（修订本）配套资料》，第 117—122 页。

愿望，是实现中华民族伟大复兴的必然要求。坚持贯彻新时代党解决台湾问题的总体方略，牢牢把握两岸关系主导权和主动权，坚定不移推进祖国统一大业。一水之隔、咫尺天涯，两岸迄今尚未完全统一是历史遗留给中华民族的创伤。两岸中国人应该共同努力谋求国家统一，抚平历史创伤。广大台湾同胞都是中华民族一分子，要做堂堂正正的中国人，认真思考台湾在民族复兴中的地位和作用，把促进国家完全统一、共谋民族伟大复兴作为无上光荣的事业。

台湾前途在于国家统一，台湾同胞福祉系于民族复兴。两岸关系和平发展是维护两岸和平、促进两岸共同发展、造福两岸同胞的正确道路。两岸关系和平发展要两岸同胞共同推动，靠两岸同胞共同维护，由两岸同胞共同分享。中国梦是两岸同胞共同的梦，民族复兴、国家强盛，两岸中国人才能过上富足美好的生活。在中华民族走向伟大复兴的进程中，台湾同胞定然不会缺席。两岸同胞要携手同心，共圆中国梦，共担民族复兴的责任，共享民族复兴的荣耀。台湾问题因民族弱乱而产生，必将随着民族复兴而终结。

第二，探索"两制"台湾方案，丰富和平统一实践。"和平统一、一国两制"是实现国家统一的最佳方式，体现了海纳百川、有容乃大的中华智慧，既充分考虑台湾现实情况，又有利于统一后台湾长治久安。制度不同，不是统一的障碍，更不是分裂的借口。"一国两制"的提出，本来就是为了照顾台湾现实情况，维护台湾同胞利益福祉。"一国两制"在台湾的具体实现形式会充分考虑台湾现实情况，会充分吸收两岸各界意见和建议，会充分照顾到台湾同胞利益和感情。在确保国家主权、安全、发展利益的前提下，和平统一后，台湾同胞的社会制度和生活方式等将得到充分尊重，台湾同胞的私人财产、宗教信仰、合法权益将得到充分保障。

两岸同胞是一家人，两岸的事是两岸同胞的家里事，当然也应该由家里人商量着办。和平统一，是平等协商、共议统一。两岸长期存在的政治分歧问题是影响两岸关系行稳致远的总根子，总不能一代一代传下去。两岸双方应该本着对民族、对后世负责的态度，凝聚智慧，发挥创意，聚同化异，争取早日解决政治对立，实现台海持久和平，达成国家统一愿景，让我们的子孙后代在祥和、安宁、繁荣、尊严的共同家园中生活成长。

在一个中国原则基础上，台湾任何政党、团体同我们的交往都不存在障碍。以对话取代对抗、以合作取代争斗、以双赢取代零和，两岸关系才能行稳致远。大陆方面愿意同台湾各党派、团体和人士就两岸政治问题和推进祖国和平统一进程的有关问题开展对话沟通，广泛交换意见，寻求社会共识，推进政治谈判。

郑重倡议在坚持"九二共识"、反对"台独"的共同政治基础上，两岸各政党、各界别推举代表性人士，就两岸关系和民族未来开展广泛深入的民主协商，就推动两岸关系和平发展达成制度性安排。

第三，坚持一个中国原则，维护和平统一前景。尽管海峡两岸尚未完全统一，但中国主权和领土从未分割，大陆和台湾同属一个中国的事实从未改变。一个中国原则是两岸关系的政治基础。坚持一个中国原则，两岸关系就能改善和发展，台湾同胞就能受益。背离一个中国原则，就会导致两岸关系紧张动荡，损害台湾同胞切身利益。

统一是历史大势，是正道。"台独"是历史逆流，是绝路。广大台湾同胞具有光荣的爱国主义传统，是我们的骨肉天亲。我们坚持寄希望于台湾人民的方针，一如既往尊重台湾同胞、关爱台湾同胞、团结台湾同胞、依靠台湾同胞，全心全意为台湾同胞办实事、做好事、解难事。广大台湾同胞不分党派、不分宗教、不分阶层、不分军民、不分地域，都要认清"台独"只会给台湾带来深重祸害，坚决反对"台独"分裂，共同追求和平统一的光明前景。大陆愿意为和平统一创造广阔空间，但绝不为各种形式的"台独"分裂活动留下任何空间。

台湾是中国的台湾。解决台湾问题是中国人自己的事，要由中国人来决定。我们坚持以最大诚意、尽最大努力争取和平统一的前景，但决不承诺放弃使用武力，保留采取一切必要措施的选项，这针对的是外部势力干涉和极少数"台独"分裂分子及其分裂活动，绝非针对广大台湾同胞。国家统一、民族复兴的历史车轮滚滚向前，祖国完全统一一定要实现，也一定能够实现！

包括两岸同胞在内的所有中华儿女，要和衷共济、团结向前，坚决粉碎任何"台独"图谋，共创民族复兴美好未来。任何人都不要低估中国人民捍卫国家主权和领土完整的坚强决心、坚定意志、强大能力！

第四，深化两岸融合发展，夯实和平统一基础。两岸同胞血脉相连。亲望亲好，中国人要帮中国人。我们对台湾同胞一视同仁，将继续率先同台湾同胞分享大陆发展机遇，为台湾同胞台湾企业提供同等待遇，让大家有更多获得感。和平统一之后，台湾将永保太平，民众将安居乐业。有强大祖国做依靠，台湾同胞的民生福祉会更好，发展空间会更大，在国际上腰杆会更硬、底气会更足，更加安全、更有尊严。

要积极推进两岸经济合作制度化，打造两岸共同市场，为发展增动力，为合作添活力，壮大中华民族经济。两岸要应通尽通，提升经贸合作畅通、基础设施联通、能源资源互通、行业标准共通，可以率先实现金门、马祖同福建沿海地区通水、通电、通气、通桥。要推动两岸文化教育、医疗卫生合作，社会保障和公共资源共享，支持两岸邻近或条件相当地区基本公共服务均等化、普惠化、便捷化。

第五，实现同胞心灵契合，增进和平统一认同。国家之魂，文以化之，文以铸之。两岸同胞同根同源、同文同种，中华文化是两岸同胞心灵的根脉和归属。人之相交，贵在知心。不管遭遇多少干扰阻碍，两岸同胞交流合作不能停、不能断、不能少。

两岸同胞要共同传承中华优秀传统文化，推动其实现创造性转化、创新性发展。两岸同胞要交流互鉴、对话包容，推己及人、将心比心，加深相互理解，增进互信认同。要秉持同胞情、同理心，以正确的历史观、民族观、国家观化育后人，弘扬伟大民族精神。亲人之间，没有解不开的心结。久久为功，必定能达到两岸同胞心灵契合。

支持和追求国家统一是民族大义，应该得到全民族肯定。伟大祖国永远是所有爱国统一力量的坚强后盾！我们真诚希望所有台湾同胞，像珍视自己的眼睛一样珍视和平，像追求人生的幸福一样追求统一，积极参与到推进祖国和平统一的正义事业中来。

第六，国家的希望、民族的未来在青年。两岸青年要勇担重任、团结友爱、携手打拼。我们热忱欢迎台湾青年来祖国大陆追梦、筑梦、圆梦。两岸中国人要精诚团结，携手同心，为同胞谋福祉，为民族创未来！[6]

---

6 根据习近平总书记一系列重要讲话和报告原文、新华社通稿归纳。参见习近平：《共圆中华民族伟大复兴的中国梦》（2014 年 2 月 18 日）；习近平：《为实现民族伟大复兴 推进祖国和平统一而共同奋斗——在＜告台湾同胞书＞发表 40 周年纪念会上的讲话》（2019 年 1 月 2 日）；习近平：《在庆祝中国共产党成立 100 周年大会上的讲话》（2021 年 7 月 2 日）；《党的十九大报告》；《党的二十大报告》；《习近平会见连战一行》（新华社北京 2018 年 7 月 13 日电），等等。

在以习近平同志为核心党的中央领导下，2017 年，党的十九大报告将"坚持'一国两制'和推进祖国统一"确定为中国共产党在新时代坚持和发展中国特色社会主义基本方略的重要内容，坚持"一国两制"和推进祖国统一已成为新时代必须坚持和发展的十四项基本方略之一。[7] 这体现了以习近平同志为核心的党中央对于港澳台工作的高度重视，体现了港澳台工作在党和国家工作全局中的重要地位，对两岸关系发展产生重要影响。

2022 年 10 月，习近平总书记在党的二十大报告中指出："解决台湾问题、实现祖国完全统一，是党矢志不渝的历史任务，是全体中华儿女的共同愿望，是实现中华民族伟大复兴的必然要求。坚持贯彻新时代党解决台湾问题的总体方略，牢牢把握两岸关系主导权和主动权，坚定不移推进祖国统一大业。'和平统一、一国两制'方针是实现两岸统一的最佳方式，对两岸同胞和中华民族最有利。我们坚持一个中国原则和'九二共识'，在此基础上，推进同台湾各党派、各界别、各阶层人士就两岸关系和国家统一开展广泛深入协商，共同推动两岸关系和平发展、推进祖国和平统一进程。我们坚持团结广大台湾同胞，坚定支持岛内爱国统一力量，共同把握历史大势，坚守民族大义，坚定反'独'促统。伟大祖国永远是所有爱国统一力量的坚强后盾！"同时强调："台湾是中国的台湾。解决台湾问题是中国人自己的事，要由中国人来决定。我们坚持以最大诚意、尽最大努力争取和平统一的前景，但决不承诺放弃使用武力，保留采取一切必要措施的选项，

7　习近平：《决胜全面建成小康社会 夺取新时代中国特色社会主义伟大胜利——在中国共产党第十九次全国代表大会上的报告》，北京：人民出版社，2017 年 10 月第 1 版。

这针对的是外部势力干涉和极少数'台独'分裂分子及其分裂活动，绝非针对广大台湾同胞。国家统一、民族复兴的历史车轮滚滚向前，祖国完全统一一定要实现，也一定能够实现！"。[8]

习近平总书记站在中华民族伟大复兴的历史高度，通过对台湾问题长期观察和深入研究，针对两岸关系发展的新形势新特点所作出的对台工作重要论述，具有强烈的政治性、思想性、指导性、实践性，展现出明显的使命意识和责任担当、攻坚克难的进取意识和创新思维、求真务实的科学态度和工作作风，深化了推进对台工作的规律性认识，是做好新时代对台工作的根本遵循和行动指南，对新征程推进祖国统一进程，具有重大深远意义。在新时代党解决问题的总体方略指引下，两岸关系虽然遭遇民进党上台执政、阻扰两岸关系和平发展等逆流，但仍旧继续向前发展。

---

8 习近平：《高举中国特色社会主义伟大旗帜 为全面建设社会主义现代化国家而团结奋斗——在中国共产党第二十次全国代表大会上的报告》，北京：人民出版社，2022 年 10 月第 1 版，第 58—59 页。

第六章
两岸关系发展演化脉络

随着国民党败退台湾，台湾问题产生，两岸关系经历了曲折发展。从 1949 年至今，两岸关系大约可以划分为四个阶段。总体来看，这是从对峙、隔绝走向交流往来，从武力相向走向和平发展的过程。

第一节 两岸对峙与隔绝阶段（1949—1978）

在这 30 年里，两岸关系处于军事对峙、政治对立和两岸同胞隔绝状态。其中，从 1949 年至 1958 年，两岸处于严重的军事对峙状态，发生多次大规模军事冲突。按照党中央的部署，人民解放军做好解决台湾问题的准备。1950 年，解放军解放海南岛、舟山群岛，解放长江口外、浙江和福建沿海若干岛屿和珠江口外全部岛屿。1953 年 7 月，朝鲜停战协议达成后，国民党空军轰炸大陆沿海地区，海军拦截大陆渔船、商船。1954 年，美国与台湾当局开始商谈所谓"共同防御条约"。中国政府进行反"共同防御条约"的斗争，宣示中国人民一定要解放台湾。当年 9 月，人民解放军炮击金门。当年 12 月美台签订"共同防御条约"后，1955 年 1 月至 2 月，人民解放军先后解放一江山岛、大陈岛。

1955 年 5 月到 1956 年 9 月，中国共产党提出和平解放台湾的主张，表示准备进行第三次国共合作，愿意用和平的方式使台湾回归祖国，但没有得到国民党响应。1958 年，国民党当局大肆进行军事挑衅，伺机"反攻大陆"。人民解放军 8 月 23 日炮击金门，教训美国和国民党台湾当局。10 月初暂停炮击金门。

延伸阅读：于右任的《望故乡》

于右任（1879 年—1964 年），早年为同盟会成员，长期在国民政府担任高级官员，1949 年随国民党政府迁往台湾。1964 年 11 月 10 日发表《望故乡》，怀乡思国之情溢于言表，触动中华民族国土割裂、国家未统一、亲人不能团圆的深处隐痛：

葬我于高山之上兮，望我故乡；故乡不可见兮，永不能忘。

葬我于高山之上兮，望我大陆；大陆不可见兮，只有痛哭。

天苍苍，野茫茫，山之上，国有殇！

1959 年至 1978 年间，两岸发生多起军事冲突，国民党当局"反攻大陆"的图谋失败。1959 年至 1961 年，大陆发生三年严重困难，中苏分歧公开化，国民党当局狂妄地认为反攻大陆时机来了。从 1962 年开启，国民党当局连续派遣武装特务、军舰、飞机袭扰大陆。1963 年 11 月，国民党第九次代表大会确立了所谓"反共复国总体战方略"。至 20 世纪 60 年代末，国民党当局对大陆的武装袭扰均告失败。1962 年至 1965 年，大陆军民消灭国民党派出的 49 股武装特务，人民解放军空军击落多架国民党间谍飞机。1965 年，两岸发生三次海战，大陆击沉 5 艘国民党军舰。此后，国民党当局逐渐把"反共复国"改为"长期目标"，更多地采取"七分政治、三分军事"的策略。

两岸还在国际上较量。1964 年，中法建交，法国与台湾当局断交，在当时引发强烈轰动。20 世纪 70 年代，中华人民共和国外交工作取得重大成果。1971 年，第 26 届联合国大会以压倒性多数通过第 2758 号决议，恢复中华人民共和国在联合国的合法席位和权利，并立即"把蒋介石的代表从联合国及其所属机构驱逐出去"。1972 年 9 月，中日建交。1979 年 1 月，中美建交。同期，中国的建交国达到 120 个，台湾当局的"邦交国"减至 23 个。台湾当局力图在国际上争夺"中国代表权"，遭到失败。

延伸阅读：联合国二七五八号决议文

联合国大会第 26 届会议 1971 年 10 月 25 日晚就"恢复中华人民共和国在联合国组织中的合法权利问题"进行表决。大会以 76 票赞成、35 票反对、17 票弃权的结果，通过了阿尔巴尼亚、阿尔及利亚等 23 个国家联合提出的提案。提案全文如下：

"联合国大会，

回顾联合国宪章的原则，

考虑到，恢复中华人民共和国的合法权利对于维护联合国宪章和联合国组织根据宪章所必须从事的事业都是必不可少的，

承认中华人民共和国政府的代表是中国在联合国组织的唯一合法代表，中华人民共和国是安全理事会 5 个常任理事会之一，

决定：恢复中华人民共和国的一切权利，承认她的政府的代表为中国在联合国组织的唯一合法代表并立即把蒋介石的代表从它在联合国组织及其所属一切机构中所非法占据的席位上驱逐出去。"

根据联合国宪章和联合国大会议事规则，这项提案通过以后立即成为联合国大会的正式决议。

第二节 打破两岸隔绝状态阶段（1979—1987）

1979年1月1日，全国人大常委会发表《告台湾同胞书》，郑重宣誓争取祖国和平统一的大政方针。大陆采取停止对金门等岛屿的炮击等措施，缓和两岸紧张关系，大陆有关部门、民主党派、人民团体纷纷呼吁结束两岸隔绝状态、实现"三通"、举行和平谈判等。台湾当局将大陆提出的和平统一方针视为统战阴谋，蒋经国1979年4月提出与中共"不接触、不谈判、不妥协"（三不政策）。但迫于各方压力，不得不停止对大陆的炮击。1980年6月9日，蒋经国第一次公开提出"三民主义统一中国"的口号。1981年4月，国民党十二大提出《贯彻三民主义统一中国案》。台湾当局将"反攻大陆"改为"三民主义统一中国"，仍旧坚持反共立场和"三不政策"。台湾民众突破台当局禁令，设法了解大陆情况，希望恢复正常往来。中国共产党提出的"和平统一、一国两制"主张在台湾引起强烈反响。

1985年，岛内掀起要求民主、解除戒严的浪潮。1986年3月，蒋经国迫于形势，在国民党十二届三中全会上提出"政治革新"主张。同年9月，民进党成立。1987年7月，台湾当局解除实行了38年的戒严令，开放"党禁""报禁"。1986年第起，国民党去台老兵发起要求返乡探亲请愿运动。1987年10月，国民党中常会通过了台湾居民赴大陆探亲的方案。国务院有关负责人发表谈话，表示欢迎。同月，国务院办公厅公布有关接待台胞的办法。1987年11月2日，第一批探亲台胞经香港来到大陆。两岸关系发展取得历史性突破。

第三节 与李登辉、陈水扁当局斗争阶段（1988—2008）

与两岸民间交往日益密切相背离，台湾当局却在政治上逐步背弃一个中国原则，并且在"台独"道路上越走越远。"台独"与反"台独"逐步成为这个时期两岸关系的主要矛盾，两岸关系进入了以遏制"台独"分裂活动为重点的斗争阶段。

1988 年 1 月，蒋经国去世后，李登辉担任台湾地区领导人。李登辉执政初期还勉强维持国民党的统一政策，多次表示"中国应该统一"。1990 年 10 月，台湾当局成立"国家统一委员会"，第二年通过"国家统一纲领"。1990 年、1991 年，台湾、大陆相继成立海峡交流基金会（海基会）、海峡两岸关系协会（海协会），负责与对方商谈、交往。1992 年 3 月，海基会、海协会开始商谈。1992 年 7 月，台湾"立法院"通过"两岸人民关系条例"，将两岸关系定位为"一国两区"。1992 年 11 月，海协会和海基会达成各自以口头方式表述"海峡两岸均坚持一个中国原则"的共识（后称"九二共识"）。1993 年 4 月，海协会会长汪道涵和台湾海基会董事长辜振甫在新加坡会谈，这是 1949 年以来两岸以民间名义公开举行的最高层级会谈。

随着地位的进一步巩固，李登辉逐步背弃一个中国原则，声称"台湾已经是主权独立的国家，国名就是中华民国"。他纵容"台独"分裂势力活动，采取一系列"去中国化"措施，特别是在教育和文化领域，试图抹杀台湾民众特别是年轻人的中国人意识和对中国的认同。1995 年 6 月，李登辉以所谓私人名义窜访美国，公开鼓吹"中华民国在台湾"，声称要打破"外交"上的孤立，将台湾当局在国际上制造"两个中国"的分裂活动推向高潮。

面对台湾当局的倒行逆施，大陆采取强有力的反制措施。1995 年至 1996 年，人民解放军在台湾海峡和台湾附近海域举行 4 次大规模的军事演习，显示反"台独"、反分裂的强大决心，影响深远。军事演习期间，岛内人心不稳，股市动荡，房地产低迷，移居和准备移居国外的人数大量增加，资金外流严重。这场斗争震动了世界，绝大多数国家普遍表示要在一个中国的框架内对待台湾问题。美国政府公开表示不支持"台湾独立"、不支持"两个中国"或"一中一台"，不支持台湾加入联合国及其他由主权国家组成的国际组织。1999 年 7 月，李登辉受访表示："1991 年修宪以来，已将两岸关系定位为国家与国家，至少是特殊的国与国的关系，而非一个中国内部关系。"李登辉抛出"两国论"。中国共产党和中国政府作出强烈政治、军事、外交、舆论回应，在 1999 年 8 月至 9 月，中国人民解放军接连举行一系列大规模的军事演习，彰显维护国家主权的坚强意志和强大实力。国际社会普遍重申一个中国政策，台湾当局不得不表示不会依照"两国论"修改"宪法"和法律。

在李登辉在台湾当政期间，民进党利用李登辉的纵容、默许和支持，不断壮大。2000 年 3 月，民进党利用国民党的分裂，夺得台湾地区领导人选举胜利，陈水扁当选台湾当局领导人。陈水扁上台后推动"台独"分裂活动进一步发展。2002 年 8 月，陈水扁公然宣称"台湾是个主权独立的国家"，"台湾与对岸中国一边一国要分清楚"，抛出了"一边一国"分裂主张。2003 年 9 月，陈水扁提出要"催生台湾新宪法"，并逐步提出 2004 年实施首次"公民投票"、2006 年"公投制宪"、2008 年正式实施"台湾新宪法"，"让台湾成为正常、完整和伟大的国家"，形成了一个走向"台独"的时间表。2004 年 3 月，台湾地区举行大选，陈水扁借助"两颗子弹案"，以微弱多数再次当选。此后，其按照既定时间表，通过推动"宪政改造"进行"台湾法理独立"活动。2006年2月，陈水扁当局宣布终止"国统纲领"适用和"国统会"运作。2007年4月，陈水扁当局策划在2008年3月新一届台湾当局领导人选举时同步举行"以台湾名义加入联合国的公投"。陈水扁当局谋求"台湾法理独立"的危险行径，给台海形势造成巨大的直接威胁。

大陆针锋相对地进行了大量斗争。2005年3月，全国人大通过了《反分裂国家法》。2005年，中共中央和胡锦涛总书记邀请国民党主席连战、亲民党主席宋楚瑜先后率团来访。国共两党开始保持高层交往对话，开展不同层次的党务人员互访。同时，大陆发动了大量的舆论攻势。海内外中国人、华人华侨谴责台湾当局的"台独"分裂活动的声音和行动十分强烈。2008年，民进党在台湾地区领导人选举中失利，国民党上台执政，马英九当选台湾地区领导人。民进党当局推动的"入联公投"也因投票人总数未过半而遭到否决，宣告了其"法理谋独"的行径宣告失败。

李登辉、陈水扁当局"台独"分裂行径的彻底失败，显示了"台独"在两岸中国人、在全世界华人中是支流，维护国家主权和统一是中国人和中华民族的主流声音，也显示了国际社会并不支持"台独"分裂活动，还彰显了大陆强大的国力和坚定的反独意志是维护国家主权和统一的根本保障。

第四节 两岸关系和平发展阶段（2008年至今）

2008年5月，两岸关系实现重大转折，开创了和平发展新局面，取得一系列历史性发展成就。此期间又可以分为两个阶段。一是2008年至2016年5月，和平发展取得重大推进阶段。二是2016年5月至今，民进党重新在岛内执政，两岸和平发展出现一定的波折，仍旧维持和平发展状态。

（一）2008 年—2016 年

2008 年 5 月以来，国共两党、两岸双方信守坚持"九二共识"、反对"台独"的共同立场，在此基础上建立政治互信，改善和发展两岸关系。2008 年 4 月 29 日，时任中共中央总书记胡锦涛会见来访的国民党荣誉主席连战，提出希望国民两党、两岸双方秉持"建立互信、搁置争议、求同存异、共创双赢"的精神，推动两岸关系向前发展。2008 年 5 月 20 日，新任台湾当局领导人马英九在就职演说时表示，将继续在"九二共识"的基础上，尽早恢复协商。中国共产党和中国政府秉持"两岸一家亲"理念，推动两岸关系和平发展，出台一系列惠及广大台胞的政策，加强两岸经济文化交流合作。

2013 年 6 月，中共中央总书记习近平在会见国民党荣誉主席吴伯雄时表示，新一届中共中央将继续执行既定的大政方针，致力于巩固深化两岸关系和平发展，希望两党和两岸双方继续增进互信，保持良性互动，稳定推进两岸关系全面发展，巩固深化两岸关系和平发展各项基础，团结两岸同胞，共同为实现中华民族伟大复兴而努力。[1]

2015 年 11 月 7 日，中共中央总书记、国家主席习近平同时任台湾方面领导人马英九在新加坡会在新加坡香格里拉饭店会面，就推进两岸关系和平发展交换意见，实现 1949 年以来两岸领导人首次会晤、两岸领导人直接对话沟通。习近平总书记指出，面对新形势，站在两

---

1 《中共中央总书记习近平会见中国国民党荣誉主席吴伯雄》，《人民日报》2013 年 6 月 14 日。

岸关系发展的新起点上，两岸双方应该胸怀民族整体利益、紧跟时代前进步伐，携手巩固两岸关系和平发展大格局，共同实现中华民族伟大复兴。习近平就此提出4点意见。

第一，坚持两岸共同政治基础不动摇。7年来两岸关系能够实现和平发展，关键在于双方确立了坚持"九二共识"、反对"台独"的共同政治基础。没有这个定海神针，和平发展之舟就会遭遇惊涛骇浪，甚至彻底倾覆。希望台湾各党派、各团体能正视"九二共识"。无论哪个党派、团体，无论其过去主张过什么，只要承认"九二共识"的历史事实，认同其核心意涵，我们都愿意同其交往。对任何分裂国家的行为，两岸同胞绝不会答应。在维护国家主权和领土完整这一原则问题上，我们的意志坚如磐石，态度始终如一。

第二，坚持巩固深化两岸关系和平发展。两岸同胞应该倍加珍惜和平发展成果，彻底化解两岸敌意，坚持走和平发展道路，努力构建稳定的两岸关系和平发展制度框架。两岸双方应该加强交流对话，增进政治互信，通过平等协商、积极探讨，推动解决两岸之间长期存在的各种难题，同时管控好矛盾和分歧。两岸双方应该相互尊重彼此对发展道路和社会制度的选择，避免让这类分歧干扰两岸交流合作，伤害同胞感情。"台独"煽动两岸同胞敌意和对立，损害国家主权和领土完整，破坏台海和平稳定，阻挠两岸关系发展，只会给两岸同胞带来深重祸害。对此，两岸同胞要团结一致、坚决反对。

第三，坚持为两岸同胞多谋福祉。两岸一家亲，家和万事兴。我们推动两岸关系和平发展，着眼点和落脚点是要增进同胞的亲情和福祉，让两岸同胞过上更加美好的生活。只要是有利于增进两岸同胞的亲情和福祉的事，只要是有利于推动两岸关系和平发展的事，只要是有利于维护中华民族整体利益的事，两岸双方都应该尽最大努力去做，并把好事办好。愿意首先与台湾同胞分享大陆发展机遇。两岸可以加强宏观政策沟通，发挥好各自优势，拓展经济合作空间，做大共同利益蛋糕，增加两岸同胞的受益面和获得感。

第四，坚持同心实现中华民族伟大复兴。两岸是不可分割的命运共同体。民族强盛，是两岸同胞之福；民族弱乱，是两岸同胞之祸。实现中华民族伟大复兴，与两岸同胞前途命运息息相关。当前，我们比以往任何时候都更加接近、更有能力实现这个伟大梦想。我们在几十年的时间内走完了世界上很多国家几百年的发展历程。我相信，实现中华民族伟大复兴，台湾同胞定然不会缺席。[2]

2014 年 2 月、6 月，台湾大陆事务委员会和国务院台办负责人先后应邀互访，达成大量共识，双方表示要继续在"九二共识"基础上坚持两岸关系和平发展的正确方向，进一步推进两岸各领域交流合作，更好地回应两岸民众期待。大陆海协会、台湾海基会在"九二共识"基础上开展了广泛的商谈，签署了多项协议。两岸实现全面直接双向"三通"，民众通商、通邮、通航大为方便。两岸交流持续扩大。2010 年 6 月签署《海峡两岸经济合作框架协议》（ECFA），推动两岸关系正常化进程，明确了两岸贸易自由化目标，构建了两岸经济合作机制化平台，将两岸经济合作推向了新阶段。金融合作方面，两岸金融机构 2009 年 11 月签署《海峡两岸金融合作监理备忘录》。2012年 8 月，两岸货币管理机构签署《海峡两岸货币清算合作备案录》。

2　《习近平同马英九会面》，来源于：新华网新加坡，http://www.xinhuanet.com/
politics/2015-11/07/c_1117071846.htm。。

2008 年 5 月以来，在两岸关系改善发展的背景下，两岸各领域、各界别交流蓬勃发展，层次提高，内容更加丰富，两岸大交流的局面基本形成。几十个大陆城市开启赴台个人游。在交往之中，两岸关系和平发展理念进一步深入人心。

延伸阅读：海峡两岸经济合作框架协议

海峡两岸经济合作框架协议（简称 ECFA）。2010 年 6 月 29 日，两岸两会领导人签订合作协议。2010 年 8 月 17 日，台湾立法机构通过《海峡两岸经济合作框架协议》。它实质上是两个经济体之间的自由贸易协定谈判的初步框架安排，同时又包含若干早期收获协议。两岸签署框架协议是两岸经贸交流经过 30 多年互惠互补、相互依存发展的必然结果。ECFA 签署以来，大陆方面切实履行承诺，保障 ECFA 顺利生效实施。截至 2019 年 6 月底，货物贸易早期收获产品，大陆对台累计减免关税约 375.3 亿元人民币。特别值得指出的是，早期收获产品清单给岛内中小企业以及农渔民带来了实实在在的巨大利益。从 2010 年到 2018 年，早收清单中台湾对大陆出口农产品增长了两倍，大陆已成为台湾农产品外销的第一大市场。2021 年 12 月，国务院发布《2022 年关税调整方案》指出 ECFA 已完成降税，继续实施协定税率。《海峡两岸经济合作框架协议》在 10 年期限满后得以延续。

（二）2016 年至今

2016 年，民进党获得台湾地区领导人选举的胜利，时隔八年再度上台。蔡英文当选台湾地区领导人。民进党重新上台以来，否认"九二共识"，拒不放弃"台独"立场，加紧进行"台独"分裂活动，放任纵容"去中国化""渐进台独"，阻挠、限制两岸交流合作，妄图削弱、切割台湾同大陆的政治、经济和历史文化联系。岛内各种"急独"势力动作频频、竭力鼓噪推动所谓"正名""制宪"。一些外部势力大打"台湾牌",力图提升与台实质关系。台湾当局致使两岸关系和平发展势头受到严重冲击,两岸关系发展受到阻扰。

中国共产党和中国政府坚持新时代党解决台湾问题的总体方略,坚持一个中国原则和"九二共识",坚决粉碎"台独"分裂图谋,坚决遏制外部势力干涉,扎实推动两岸关系和平发展、融合发展,牢牢把握两岸关系主导权主动权。大陆以强有力的经济实力和综合国力,有效遏制了"台独"的活动空间。

2016年3月5日,习近平总书记十二届全国人大四次会议上海代表团审议时发表重要讲话强调,对台大政方针是明确的、一贯的,不会因台湾政局变化而改变。将坚持"九二共识"政治基础,继续推进两岸关系和平发展。"九二共识"明确界定了两岸关系的性质,是确保两岸关系和平发展行稳致远的关键。承认"九二共识"的历史事实,认同其核心意涵,两岸双方就有了共同政治基础,就可以保持良性互动。将持续推进两岸各领域交流合作,深化两岸经济社会融合发展,增进同胞亲情和福祉,拉近同胞心灵距离,增强对命运共同体的认知。将坚决遏制任何形式的"台独"分裂行径,维护国家主权和领土完整,绝不让国家分裂的历史悲剧重演。[3]这就确定了岛内政治局势发生重大变化以来大陆对台政策基调,显示了大陆对台政策的一贯性,也显示了党中央强大的战略定力。2017年,习近平总书记在党的十九大报告上指出:"坚决维

---

3 《习近平在参加上海代表团审议》,来源于:新华网,http://www.gov.cn/xinwen/2016-03/05/content_5049638.htm。

护国家主权和领土完整，绝不容忍国家分裂的历史悲剧重演。一切分裂祖国的活动都必将遭到全体中国人坚决反对。我们有坚定的意志、充分的信心、足够的能力挫败任何形式的'台独'分裂图谋。我们绝不允许任何人、任何组织、任何政党、在任何时候、以任何形式、把任何一块中国领土从中国分裂出去！"[4]进一步宣示坚决反对"台独"的坚定意志。

　　面对蔡英文上台带来的台海新形势，中央坚定维护一个中国原则和"九二共识"政治基础，中断国台办与台湾陆委会联系沟通机制、海协会和海基会协商谈判，开展并强化解放军舰机"绕岛巡航"行动等，辽宁舰航海编队多次穿越台湾海峡，在台湾海峡水域实行实弹军事演习，展现反对和遏制"台独"的坚决意志和强大能力。先后与冈比亚、圣多美和普林西比、巴拿马、所罗门群岛、基里巴斯、多米尼加、萨尔瓦、布基纳法索等建（复）交。台湾失去了所谓的"邦交国"8个。制定"台独"顽固分子清单，加强对于"台独"顽固分子的精准打击。采取实际行动表明决不允许少数人在大陆赚钱却在岛内支持"台独"，产生强烈的震慑作用。

延伸阅读："台独"顽固分子清单

　　为维护国家主权、安全、发展利益，保障两岸关系和平发展，2021年11月以来，国务院台办制定"台独"顽固分子清单，首批清单在列有苏贞昌、游锡堃、吴钊燮等极少数"台独"顽固分子。他们极力煽动两岸对立、恶意攻击诬蔑大陆、谋"独"言行恶劣、勾连外

4　习近平：《决胜全面建成小康社会 夺取新时代中国特色社会主义伟大胜利——在中国共产党第十九次全国代表大会上的报告》，北京：人民出版社，2017年10月第1版。

部势力分裂国家，严重破坏两岸关系，严重危害台海和平稳定，严重损害两岸同胞共同利益和中华民族根本利益。大陆方面依法对清单在列的上述"台独"顽固分子实施惩戒，禁止其本人及家属进入大陆和香港、澳门特别行政区，限制其关联机构与大陆有关组织、个人进行合作，绝不允许其关联企业和金主在大陆谋利，以及采取其他必要的惩戒措施。大陆将依法对"台独"顽固分子追究刑事责任，终身有效。2022年8月16日，国务院台办发布消息，将萧美琴、顾立雄、蔡其昌、柯建铭、林飞帆、陈椒华、王定宇等列入清单，并宣布惩戒措施。[5]

与此同时，继续加强同岛内支持两岸关系和平发展的政党、县市和人士交流互动，加强两岸经济文化交流。2016年，时任国民党主席洪秀柱率团来访大陆。习近平总书记会见洪秀柱。2023年3月27日，台湾地区前领导人马英九率团来大陆祭祖、交流。这是74年来首次有台湾地区领导人卸任后访问大陆。两岸共同举办两岸和平发展论坛，国共两党开展党际交流对话。支持台湾认同"九二共识"的县市首长率团来访，加强与大陆有关省市的交流合作。

秉持"两岸一家亲"理念，扩大两岸经济文化交流，出台《关于促进两岸经济文化交流合作的若干措施》《港澳台居民居住证申发放办法》，取消台湾居民在大陆就业许可，实施台湾居民居住证，逐步为台湾同胞在大陆创业、就业、学习、生活提供与大陆同胞同等的待遇，推动实现台企与大陆企业享有同等待遇。

继续办好海峡论坛，举办两岸企业家紫金山峰会、首届海峡两岸青年发展论坛、海峡两岸（北京）体育交流运动会等交流活动，支持

5 《国台办：依法对清单在列的"台独"顽固分子实施惩戒》中新网2021年11月5日电，

台湾企业依法快速在 A 股上市。实施对金门供水，进一步加强金门与大陆的联系，展示大陆对台湾同胞的善意。

延伸阅读：海峡论坛

海峡论坛是在已举办三届的"海西论坛"基础上发展扩大并更名的。论坛是两岸民间交流的大平台，是深受两岸同胞认可的"百姓论坛"，突出民间性、广泛性，强调平等参与和互动性。首届海峡论坛于 2009 年 5 月 15 日至 22 日在福建省厦门、福州、泉州、莆田等地隆重举行。至 2022 年，海峡论坛已经成功举办了十四届，成为规模最大的两岸民间交流论坛，有力地推动了两岸民间交流，在两岸同胞之间架起了"连心桥"，铺就了"惠民路"。

延伸阅读：双城论坛

上海—台北城市论坛是上海市政府、台北市政府携手举办的重要城市论坛。2010 年 5 月，上海举办"世博会"。当年 11 月，台北举办"花博会"。为了促进两市在"双博"中的交流与合作，上海市政府和台北市政府决定由两市的市政府共同主办城市论坛，此后这种活动形式延续了下来。上海—台北城市论坛是两岸县市层级最高的机制化、制度化交流的开端。论坛每年举办一次，一年在台北举行，一年在上海举行。举行论坛期间，两岸在经贸、科技、教育、卫生、文化、青少年交流多层次多领域开展广泛交流和合作。从 2010 年至 2022 年，上海与台北在"双城论坛"中已成功签署了 42 项交流合作备忘录，在教育、卫生、体育、文化、环保、科技、旅游、交通、市政、老人照护、市民热线、青年创业、智慧城市等众多领域建立起对口交流和合作关系，开拓了两岸城市交流机制，已成为两岸城市交流的典范。

2022 年 8 月 2 日，美国国会众议长南希·佩洛西执意窜访中国台湾地区，中方对此强烈谴责、坚决反对。8 月 4 日至 10 日，中国人民解放军东部战区陆续在台岛周边开展一系列联合军事行动，在台岛北部、西南、东南海空域进行联合海空演训，在台湾海峡进行远程火力实弹射击，在台岛东部海域组织常导火力试射。媒体称为"锁台军演"。外交部宣布中方对佩洛西实施制裁。佩洛西窜访台湾后，全球多国政府及国际组织发表声明，表示坚持一个中国原则，反对美方侵害中国主权和领土完整的行径。

2022 年 8 月 10 日，国务院台湾事务办公室、国务院新闻办公室发布《台湾问题与新时代中国统一事业》白皮书。白皮书坚持以习近平新时代中国特色社会主义思想为指导，立足中华民族伟大复兴战略全局和世界百年未有之大变局，深入贯彻新时代中国共产党解决台湾问题的总体方略，以大量历史和法理事实彰显台湾是中国的一部分不容置疑也不容改变，全面总结中国共产党坚定不移推进祖国完全统一的奋斗历程、重大成就和宝贵经验，深刻揭批民进党当局加紧谋"独"挑衅和美国加大力度打"台湾牌"的行径与谬论，系统阐述中国共产党和中国政府在新时代新征程上推进祖国统一的大政方针与政策主张，清晰阐明按照"一国两制"实现和平统一后的光明前景，充分表明了中国人民实现祖国完全统一的必胜信心、反对"台独"分裂和外来干涉的坚定决心、为两岸同胞谋福祉的不变初心。

当日，中共中央台办发言人授权就发表《台湾问题与新时代中国统一事业》白皮书发表谈话强调，实现两岸和平统一，不仅是中华民族和中国人民之福，也是国际社会和世界人民之福。希望广大台湾同胞坚定站在历史正确的一边，做堂堂正正的中国人，认真思考台湾在民族复兴中的地位和作用，深明大义、奉义而行，坚决反对"台独"分裂和外部势力干涉，积极参与到推进祖国和平统一的正义事业中来。希望香港同胞、澳门同胞和海外侨胞一如既往，为推动两岸关系和平发展、实现祖国和平统一再立新功。希望国际社会和所有与中国建交的国家，恪守一个中国原则，妥善处理涉台问题，理解和支持中国人民反对"台独"分裂、争取完成国家统一的正义事业。[6]

回顾党的十八大以来，尽管有民进党当局的破坏和阻扰，但两岸关系仍旧取得了许多重要成果。十年中，两岸政治交往取得历史性突破。实现 1949 年以来两岸领导人首次会晤、直接对话沟通，将两岸交流互动提升到新高度，成为两岸关系发展道路上一座新的里程碑。双方两岸事务主管部门在共同政治基础上建立常态化联系沟通机制，两部门负责人实现互访、开通热线。

十年中，两岸对话协商形成新局面。大陆坚持一个中国原则和"九二共识"，推进两岸政党党际交流，与台湾有关政党、团体和人士就两岸关系与民族未来开展对话协商，达成多项共识并发表共同倡议，与台湾社会各界共同努力探索"两制"台湾方案。

十年来，在大陆台胞逐步享受同等待遇和发展机遇。大陆坚持以人民为中心的发展思想，践行"两岸一家亲"的理念，以两岸同胞福祉为依归，推动两岸关系和平发展、融合发展，完善促进两岸交流合作、保障台湾同胞福祉的制度安排和政策措施，实行卡式台胞证，实现福建向金门供水，制发台湾居民居住证，逐步为台湾同胞在大陆学习、

---

6 《中共中央台办发言人受权就发表＜台湾问题与新时代中国统一事业＞白皮书发表谈话》，来源于：新华社，http://www.news.cn/mrdx/2022-08/11/c_1310651489.htm。

创业、就业、生活提供同等待遇，持续率先同台湾同胞分享大陆发展机遇。

十年来，两岸贸易和台商对大陆投资显著增长。2011年两岸贸易额为1600.3亿美元，2021年两岸贸易额增至3283.4亿美元，十年间翻了一番。截至2011年，台商投资大陆项目累计85772个，到2021年底，台商投资大陆项目累计达到124142个，十年间增长44.7%。大陆稳居台湾地区最大出口市场、最大贸易顺差来源地、台商岛外投资第一大目的地。

十年来，两岸人员往来和各界交流持续扩大。大陆团结广大台湾同胞，排除"台独"分裂势力干扰阻挠，推动两岸各领域交流合作和人员往来走深走实。举办海峡论坛、上海台北城市论坛、海峡青年论坛等一系列两岸交流活动，保持了两岸同胞交流合作的发展态势。2011年两岸人员往来710万人次，其中台湾同胞来大陆526万人次；2019年两岸人员往来约900万人次，其中台湾同胞来大陆超过600万人次。近3年受新冠肺炎疫情影响，线上交流成为两岸同胞交流互动的主要形式，台湾各界实际参与人数和线上可及人数屡创新高。

十年来，反"独"促统大势不断增强。大陆坚定捍卫国家主权和领土完整，坚决反对"台独"分裂和外部势力干涉，有力维护台海和平稳定和中华民族根本利益。依法打击"台独"顽固分子，有力震慑"台独"分裂势力。妥善处理台湾对外交往问题，巩固发展国际社会坚持一个中国原则的格局。[7]

---

7 《中共中央宣传部举行党的十八大以来对台工作和两岸关系发展情况发布会》，来源于：国务院台办官网，http://www.gwytb.gov.cn/xwdt/zwyw/202209/t20220921_12471899.htm。

　　国家统一是不可阻挡的历史潮流，是中国人民坚定不移的共同意志。随着中国实力的不断增强，中华民族伟大复兴的不断推进，"和平统一、一国两制"方针的正确指引，中国一定能够实现国家完全统一，两岸中国人一定可以共享作为堂堂正正中国人的伟大荣光。

第七章
"一国两制"的历史定位和世界价值

　　"一国两制"是经过实践反复检验了的，符合国家、民族根本利益，符合香港、澳门根本利益，得到14亿多祖国人民鼎力支持，得到香港、澳门居民一致拥护，也得到国际社会普遍赞同。它是一项非常成功的重要的国家制度，是中国特色社会主义的伟大创举，是具有世界意义的重要政治制度。

第一节　实现国家和平统一的重要制度

　　在中国共产党走向全国执政之初以及建立中华人民共和国之后，香港、澳门问题就摆在中国共产党和中国人面前。香港问题从1840年算起已有109年历史，澳门问题时间更长。这段漫长的屈辱历史里，不是历届中国政府没有作出努力，但都没有成功解决这两个问题。可以说，解决香港、澳门问题，以及随着国共内战、国民党败退台湾而产生的的台湾问题，都是极其复杂的世纪性难题，是极其考验政治智慧和国家实力的，不是轻轻松松就可以解决的。

　　解决国家统一问题，是历史也是中华民族的祖先交给当代中国人的最光荣最崇高的使命之一。植根于中国历史文化传统的中国共产党将实现国家统一视为三大自己的历史任务之一，初心坚如磐石、从未动摇。事实上，国家统一不但关乎历史使命、关乎祖先的荣耀，还关乎世人对于中国共产党、对于新中国的评价和信心。作为一个有着两千多年大一统传统的伟大国家，实现国家统一是每一个正统的政权必须履行的根本使命。基于这一点，才能理解为什么邓小平会在 1983 年 9 月会见英国前首相希思时斩钉截铁地说道：到 1997 年如果不收回香港，"就意味着中国政府是晚清政府，中国领导人是李鸿章！"[1]

"一国两制"的提出，是中国共产党和中央政府审时度势，充分运用马克思主义国家学说原理和中国传统政治智慧，充分分析国内外形势，充分分析中国香港、澳门、台湾的实际情况提出的，是中国共产党领导中国人民解决国家完全统一问题的伟大创举。之所以说伟大，是因为其蕴含着高超的政治智慧。之所以说是创举，是因为中国历史上虽有"因俗而治"等传统，但毕竟和现代主权国家条件下的"一国两制"有着重大区别，这是一项创新性举措。更重要的是，如果没有这项创举，中国在收回香港、澳门时面临的阻力和困难将会增加许多倍。前文已经深刻分析了"一国两制"之所以能够在香港、澳门取得成功的原因，因为它在坚持了维护国家主权、领土完整的前提下，尊重了英国、葡萄牙的合理利益，尊重了香港、澳门的实际情况，平衡了各方利益，同时又具有科学有效灵活的制度机制，因此得以成功。"一国两制"从一开始提出就得到了众多国际人士的高度肯定。

因此，对于"一国两制"的历史定位的第一条就是，它是中国共产党领导人民实现祖国和平统一的一项重要制度、基本国策，是解决历史遗留的港澳问题的最佳方案，也是港澳回归后保持长期繁荣稳定

---

1 夏禹龙：《毛泽东邓小平革命风格析》，《文汇报》1994 年 1 月 1 日。

的最佳制度，是中国特色社会主义的伟大创举，是一项伟大的国家制度创新，体现了中国共产党人对制度文明的开阔眼界与开放胸怀。"一国两制"是当代中国的重要国家制度，属于中国政治和行政制度体系的重要构成。对此，中国共产党和中央政府一再强调、一再肯定。

党的十九大报告将"坚持'一国两制'和推进祖国统一"作为新时代坚持和发展中国特色社会主义基本方略的重要内容，确立"一国两制"在实现"两个一百年"奋斗目标和中华民族伟大复兴进程中的重要战略地位。党的十九届四中全会通过决定，把"坚持'一国两制'，保持香港、澳门长期繁荣稳定，促进祖国和平统一"作为我国国家制度和治理体系所具有的显著优势之一。党的十九届六中全会审议通过的《中共中央关于党的百年奋斗重大成就和历史经验的决议》，将"一国两制"作为重要内容写入其中。

第二节 中华文明伟大智慧的创造性现代运用

政治是人类最高级别的智力活动之一，政治智慧的高低从来都关乎一个民族和国家的生死存亡、兴衰成败。所有在人类世界上出类拔萃的国家和民族，无不在政治智慧上具有过人之处。四大文明古国，只有中华文明延续至今、连绵不绝，中华文明成为世界上唯一一个不曾中断的古老文明。究其原因有很多，但最重要的是一条就是中华文明具有非凡、过人的政治智慧，创造了极其灿烂的政治文明、政治制度、政治文化、政治经验。证据之一即是，中国最早在人类历史上形成和创造了官僚制、郡县制，出现中央集权的大一统世俗性国家。美国政治学者福山指出："中国是开发国家制度的先行者，但西方的政治发展史解说,却很少提及此一创新。"[2]福山在比较了中外文明后深刻指出:"我们现在所理解的现代国家元素,在公元前3世纪的中国业已到位。其在欧洲的浮现,则晚了整整一千八百年。"[3]习近平总书记指出:"在几千年的历史演进中,中华民族创造了灿烂的古代文明,形成了关于国家制度和国家治理的丰富思想,包括大道之行、天下为公的大同理想,六合同风、四海一家的大一统传统,德主刑辅、以德化人的德治主张,民贵君轻、政在养民的民本思想,贵贱均贫富、损有余补不足的平等观念,法不阿贵、绳不挠曲的正义追求,孝悌忠信、礼义廉耻的道德操守,任人唯贤、选贤与能的用人标准,周虽旧邦、其命维新的改革精神,亲仁善邻、协和万邦的外交之道,以和为贵、好战必亡的和平理念,等等。这些思想中的精华是中华优秀传统文化的重要组成部分,也是中华民族精神的重要内容。"[4]中华政治文明的超前发展、异常发达是举世公认的。其中就包含了大量可以为今人所用的政治智慧、政治传统。特别是其中的多元一体、以天下苍生为念、和合共生、仁爱宽厚、因俗而治。

中国人从秦时期开始就追求政治上的多元一体,至少从汉朝开始就强调以天下苍生为念、和合共生、仁爱宽厚、因俗而治。多元一体也就是说,国家追求大一统,这是主流价值观,但容许多样性的存在。

---

2 [美]弗朗西斯·福山:《政治秩序的起源:从前人类时代到法国大革命》,毛俊杰译,桂林:广西师范大学出版社,2014年9月第2版,第24页。

3 [美]弗朗西斯·福山:《政治秩序的起源:从前人类时代到法国大革命》,毛俊杰译,桂林:广西师范大学出版社,2014年9月第2版,第24页。

4 习近平:《坚持和完善中国特色社会主义制度推进国家治理体系和治理能力现代化》,《求是》2020年第1期。

这就从根本上的政治架构上使得差异性可以存在于大一统之中。"中国古代奉行大一统政治文化，以郡县制的集权宪制构造有能力的理性国家，其治理模式堪称古代世界一极。大一统宪制有着处理边疆秩序的高度灵活性，但并未将中心秩序模式刚性套用到边疆治理之中。这是中国传统政治智慧。"[5]有了这种思想和智慧，再加上以天下苍生为念、和合共生、仁爱宽厚的主流价值观，就使得中国的大一统和中央集权充满了弹性空间、民生空间、深厚韧性，为整个国家增加了无数的活力，因俗而治自然也随着产生。

多元一体是中国自古以来的伟大传统。今天的中国仍旧是多元一体的多民族国家，或者称为中华民族多元一体国家、中华文明国家。多元一体是不可分割的。多元一体作为一个坚固的传统，包括了多个维度。第一，国家形态上的中央集权和大一统，在主权维度实现单一制，中央政府为最高国家权威，地方政府的权力来源于中央政府授予。第二，民族关系上的多元一体，也就是说，中国存在多个民族，但所有民族都统一于中华民族之中，都是中华民族的组成部分，中华民族大于所有其他民族。第三，文化上的多元一体，不同地方存在不同的文化，但都统一于中华文化之中。思想上存在不同的流派，但以一个思想为主。在当代中国就是中国化的马克思主义是主导性意识形态，占据意识形态的领导地位。其他思想存在但不影响马克思主义的官方意识形态地位。第四，行政制度和国家制度上的多元一体。在古代，郡县是最为基本的行政区划制度，但同时允许在民族地区、边疆地区

5　田飞龙主编：《视角：香港回归二十年》，北京：文津出版社，2017年9月第1版，第6页。

实行不同的行政区划制度。比如，秦朝起就在郡县之外的少数民族地区设道。汉朝在边疆、民族地区设置都护府，比如在西域设置西域都护府。唐朝对于归附的突厥也采取任用其头领为地方长官、因俗而治、尊重差异性的措施。清朝治理蒙、藏、新疆都实行了不完全同于湖南、四川等内地省份的制度。

中国自秦汉以来，除了多元一体，还有根深蒂固的以天下苍生为念、和合共生、仁爱宽厚、因俗而治等政治经验，它们都是深深内化在中国人的血液之中的。比如在因俗而治方面，"中华帝国兴起秦汉，繁盛于唐宋，发达于元明清。大清帝国运用一套成熟的、灵活弹性的政教制度解决，将中华帝国治理边疆政制发展到极致，有效解决了唐宋以来一直没有彻底解决的边疆问题。这套政制的核心就在于在捍卫帝国主权的中央集权制度下，采取因地制宜的个别统治的政策"。[6] 这些政治经验既包括了国家治理中的坚定不移的原则性，也赋予了国家治理之灵活性；既强调了主权的至高性、不可分割性，又强调地方治理的灵活性、分散性；既强调国家存在的重要性，也强调了民生、仁爱、和合、同舟共济、和为贵的重要性。在中国的政治哲学中，原则性和灵活性应当是统一的，国家权威之至高性和民生之极端重要性是统一的，在辩证中把握政治、运用权力、设计制度是中国的古老经验。当代中国共产党人和中华民族同样秉持着这种古老的智慧，传统中国的政治经验在当代中国仍旧是延续的。

在当代中国，同样也是灵活的多元一体的政治原则、政治结构。

---

6 强世功：《"一国两制"的历史源流——香江边上的思考之七》，《读书》2008年第6期。

省（直辖市）、市、县、乡制度是最为基本的行政区划制度，是中央集权下的行政区划制度，是单一制的最直观体现。但是因俗而治、尊重差异性是广泛存在的。民族自治区就是尊重差异性的制度。民族区域自治制度是中国的基本政治制度，为中华人民共和国宪法所规定，中国还有《民族区域自治法》等国家性法律。特别行政区更是中国多元一体政治原则、政治架构的一个体现。首先，它是建立在中央集权的单一制国家基础之上的，地方政府的一切权力来自中央是宪制性传统。此外，它和内地的省、市、县制度不同，其本身就是尊重差异性、尊重多元性的制度形式。这种差异性大到可以在一个国家包容两种不同的社会制度和政治制度的程度，这是前所未有的。正如习近平总书记指出的：" '一国两制'包含了中华文化中的和合理念，体现的一个重要精神就是求大同、存大异。"[7]

因此，当代中国仍旧实行的是尊重差异性、多元性基础上的统一性。当代中国的所有地方行政单元，不管是省、直辖市、民族自治区都统一直辖于中央政府，特别行政区也不例外。由于当代中国的"一国两制"的法治程度、规范化程度对于古代中国是一大超越。因此，"一国两制"又体现出强烈的创新性。"一国两制"还反映了党中央坚持以人民利益为重、坚持优先用和平方式处理香港澳门问题的理念，这和古代中国的以天下苍生为重、和合共生、仁爱宽厚的宪制传统既是一致的，又是一种更高层次的超越。这个超越是极为重要的，是当代中国共产党人和中国人民的伟大贡献。

---

7 习近平：《在庆祝香港回归祖国 20 周年大会暨香港特别行政区第五届政府就职典礼上的讲话》（2017 年 7 月 1 日），《人民日报》2017 年 7 月 2 日。

　　"一国两制"的存在反映了中华文明卓越的政治智慧，反映了中华文明独特的政治文化、政治文明、政治经验。这些古老原则在新的时代焕发出新的生机和活力，给中国的国家统一、国家治理、国家运行带来了极大的助力。"一国两制"之下的香港、澳门，都保持了高度的繁荣稳定，经济社会发达，维护着原来的社会制度形态，对中国大陆的发展、改革、对外开放带来了大量的资金、经验、技术和文化，极大地推动了中国大陆的改革开放和经济社会发展，这体现了双赢的结局。与此同时，中国中央政府仍旧有效地行使着国家主权、全面管治权，中国的主权并没有因此受到损害或者流失，这就是"一国两制"的伟大之处。正是在这一点上，我们就更能够理解习近平总书记说的："背靠祖国、联通世界，这是香港得天独厚的显著优势，香港居民很珍视，中央同样很珍视。中央政府完全支持香港长期保持独特地位和优势，巩固国际金融、航运、贸易中心地位，维护自由开放规范的营商环境，保持普通法制度，拓展畅通便捷的国际联系。"[8]

延伸阅读：体现中央关怀和大陆情谊的"三趟快车"

　　"三趟快车"是对从1962年开始大陆每日向香港、澳门提供鲜活物资的三趟货车（751、753及755次）的简称。它被香港、澳门人民称为"生命线"，是他们的永久记忆。"三趟快车"的发起得益于毛泽东主席和周恩来总理的亲切关怀。三趟快车分别始发自湖北江岸、上海新龙华和河南郑州北站，经过深圳运抵香港。货运列车"定期、定班、定点"，每日开行三趟。开通以后，一直平稳运行，风雨无阻，

8　习近平：《在庆祝香港回归祖国25周年大会暨香港特别行政区第六届政府就职典礼上的讲话》（2022年7月1日），《人民日报》2022年7月2日。

为香港澳门人民提供了大量物美价廉的生活必需品和生产原料。20世纪90年代后期以来，深港公路口岸快速通关模式加速推广，供应港澳鲜活产品的出口逐渐从铁路运输转向公路运输，"三趟快车"逐步退出了历史舞台。不过，内地供应港澳农副产品的做法一直延续。据统计，"三趟快车"开行48年间，经深圳海关验放的车辆达4万多列，验放活猪近1亿头，活牛580多万头，冻肉近800万吨，鸡、鸭、鹅等活家禽数十亿只，瓜果蔬菜、活鱼水产、干货等更是不计其数。"三趟快车"反映了中央政府和大陆对港澳同胞的深切情谊，实际上也体现了以民为本、以苍生为念、仁爱宽厚的传统政治理念的现代运用。

第三节 极具标识性的中国重要国家制度

习近平总书记强调："要善于提炼标识性概念，打造易于为国际社会所理解和接受的新概念、新范畴、新表述，引导国际学术界展开研究和讨论。"[9]基于中国历史和中国实践打造具有标识性的概念和理论，是一个非常高明的洞察，无论对于讲好中国故事，还是对于做好社会科学研究，都具有重要的指导意义。

标识指的是一个事物的充满个性甚至是独一无二的特点。在古代中国，具有相当多的标识性概念和制度。比如，天、天下、天命、皇天、苍天、昊天、上天、天子、天道、天理、皇天后土、郡县制、官僚制、皇帝制、行省制、科举制、三省六部制、三公九卿、监察制度、京师、士大夫、乡绅、士绅、儒家、法家、道家等，这些古代中国的标志性

9　习近平：《在哲学社会科学工作座谈会上的讲话》(2016年5月17日)，出自习近平：《论党的宣传思想工作》，北京：中央文献出版社，2020年11月第1版，第235页。

词汇，是古代中国的重要构成。相当程度上，一谈到这些事物，我们都会想到古代中国，想到中华文明，想到中国人。实际上，标识性概念是文明特性、国家制度、国家治理体系的外化。一个文明体或者政治体拥有越多标识性概念的事物，意味着原创性和生命力越强。

在当代中国，政治和经济社会发展取得巨大成就，产生了相当多的标识性制度、提法、理念和理论，有的已经引起了全世界的关注和研究，只是尚未完全理论化。比如，人民代表大会制度、中国共产党领导的多党合作和政治协商制度、基层群众自治制度、统一战线、民族区域自治制度、国家监察委员会制度、党委领导制度、人类命运共同体、"一带一路"、群众路线、以人民为中心的发展思想、新发展理念、对口支援制度，等等。"一国两制"无疑也是一项具有标识性的中国国家制度。

实际上，无论对于西方文明而言，还是对于伊斯兰教文明、佛教文明而言，"一国两制"都是一个陌生事物。古代是陌生的，放在现代世界里来看，更是陌生的。在西方民族国家、伊斯兰教国家、东南亚国家，实现中国这种同时在一个国家内实行两种社会制度、在局部地域以基本法形式规定一套不同于国家主体制度的新制度，是没有的。这恰恰说明，"一国两制"是中国人的一个创举，是人类文明的新事物。其实，"一国两制"是难以在中华文明之外的其他文明首先出现的。原因就在于，有的文明要么就是不强调大一统，分了就分了，不觉得国家分裂是个什么问题；要么就是强调铁板一块的施政，坚决不容许存在具有过多特殊性的地方单元。即使是在西方联邦制国家，和中国的"一国两制"也是不同的。美国的联邦的组成单元——州，并不享有中国香港、澳门特别行政区这么多的权限。比如说香港、澳门享有终审权，一般案件不需要到中央政府，而美国不是这样的。而且，美国国会通过的法律，州政府是必须遵守的。在香港和澳门，一般情况下，只有中华人民共和国宪法、基本法，以及列入基本法附件 3 的全国性法律才在当地实施，其他绝大多数法律和所有法规都不在香港实施。

对于"一国两制"的独特性、标识性，韩大元教授说得非常好："在当今世界舞台上，尽管人们的立场不同，但'一国两制'已经成为最具标志性的中国制度表述，具有广泛的影响力。早在'一国两制'构想提出之初，时任联合国秘书长德奎利亚尔即称赞其'用和平方法解决历史遗留问题，为全世界树立了榜样'，英国首相撒切尔夫人也高度评价'一国两制'是'富有天才的创造'。[10]

随着"一国两制"进一步行稳致远，随着香港、澳门继续保持繁荣稳定，"一国两制"会越来越成为中国制度、中国治理、中华文明、中华民族、中国人的"名片"。

第四节 中华民族对世界文明的伟大贡献

中华民族是对于人类文明作出巨大贡献的伟大民族，古代的"四大发明"就是一个重要代表。实际上，中国人对于世界文明的贡献不仅仅在于经济、科技和文化，其最为重要的一方面就是政治上。法国汉学家谢和耐就深刻指出："中国最出色的成就之一是在漫长的演变过程中，发展了复杂的政治组织形式，成为人类社会史上最完善者"，"通常都将政权视为压制与指挥的权力，而中国却将其看作是推动与

---

10 韩大元：《"一国两制"的文明观及其当代意义》，《中国人民大学学报》2021年第 3 期。

维护秩序的要素，虽然这种观念并不排除运用武力与粗暴干涉"。[11]
法国启蒙思想家伏尔泰（1694—1778）对中国的制度、文明充满溢美
和向往，在《风俗论》中对中国的制度、文明、文化、法律和历史有
详细的介绍。他认为中华文明远比欧洲发达，中国国家治理是人世间
的崇高典范。[12] 可以说，古代中国曾经拥有了世界上最为发达的政治
组织，为人类贡献了官僚制、郡县制、编户齐民制度、皇帝制度、民
本主义等政治制度和政治经验。比如，中国的科举制深刻影响了西方，
是西方文官制的源头。当前，文官制已经成了全世界通用的国家制度。
更多的研究发现，古代中国的理性化的国家机器、常备军制度、文官
制度、官办教育制度、编户齐民制度、打破阶级壁垒的社会流动制度等，
随着十七八世纪的东学西渐，对欧洲的近代转型产生过重大而深远的
影响。[13]

今天的中国仍旧是一个对世界政治文明作出了重要贡献的国家。
国外关于"北京共识"的讨论，就反映了中国发展模式的影响力。对
于第三世界国家而言，中国发展模式已经成为他们认真思考、学习和
借鉴的重要发展道路。"一国两制"就是一项伟大的文明创造，一项
崭新的政治制度、政治观念，是中华文明对于世界政治文明的伟大贡
献，具有重大而深远的世界意义。这一点，中国社会科学院胡荣荣副

---

11 [法]谢和耐:《中国社会史》，黄建华、黄迅余译，南京：江苏人民出版社，
　2010 年 10 月第 1 版，第 26—28 页。

12 [法]伏尔泰:《风俗论》（上），梁守锵译，北京：商务印书馆，1994 年 11 月第 1 版，
　第 84—90 页；第 239—251 页；第 252—259 页。

13 十七、十八世纪，通过一批批来华传教士的媒介作用，在中国与欧洲尤其是与法
　国之间，曾经出现过长达一百余年以西方效法中国为其显著特征的文化交流历史，
　史称东学西渐。

研究员说得好："'一国两制'制度体系擘画出在国家治理创新中推进统一进程的新蓝图，在回答和解决问题的国家治理实践中趋于完善，为人类政治文明贡献了中国智慧。"[14]

第一，它较好地解决了在一个主权国家内部两种不同的社会制度和平共处的世界性难题

在当今世界，社会主义制度和资本主义制度是最主要的两种社会制度。这两种不同的社会制度，在一定的程度上甚至是对立的。历史上，资本主义国家和社会主义国家曾经发生了剧烈的热战和冷战。在一个主权国家同时存在这两种社会制度，特别是让两种社会制度和平共处，无疑是一件极具挑战性的难题，西方政治学理论、经典的传统社会主义理论与实践并没有提供现成的答案或者标准，这完全是摆在人类面前的一道"新题"。即使不考虑英国、葡萄牙和西方世界这些国际因素，单纯就中国而言，如何管治实行资本主义制度的香港、澳门地区，本身也是治国理政实践的重大课题。

邓小平同志指出："现在进一步考虑，和平共处的原则用之于解决一个国家内部的某些问题，恐怕也是一个好办法。根据中国自己的实践，我们提出'一个国家，两种制度'的办法来解决中国的统一问题，这也是一种和平共处。我们解决香港问题，允许香港保留资本主义制度，五十年不变。解决台湾问题也是这个原则……和平共处的原则不仅在处理国际关系问题上，而且在一个国家处理自己内政问题上，也是一个好办法。"[15] "一国两制"的提出，比较好地解决了两种不同的社会制度

---

14 胡荣荣：《"一国两制"是一个伟大创举》，《前线》2021 年第 7 期。

15 邓小平：《和平共处原则具有强大生命力》（1984 年 10 月 31 日），出自《邓小平文选》（第三卷），北京：人民出版社，1993 年 10 月第 1 版，第 96—97 页。

和平共存的问题。它相当程度上就是国际关系中的和平共处五项基本原则在一个国家内部的创造性运用。在中国大陆实行社会主义制度，这是国家的根本制度。在香港、澳门特别行政区，实行资本主义制度并且长期不变，这是局部性的地方实行的社会制度。两种制度在以中国大陆的社会主义制度为主体的前提下，并行不悖、相互借鉴、相辅相成，使得双方都更加健全、更加完善、更加强大。中国以宪法和基本法的形式规定在特别行政区实行不同于大陆这个主体的资本主义制度，而大陆这个国家主体实行社会主义制度。正如中国人民大学法学学者韩大元教授指出的："'一国两制'对人类文明发展的贡献同时体现在制度文明上，即在主权框架内为社会主义制度与资本主义制度的和平共处、为两种制度的'文明对话'提供了制度性桥梁，拓展了人类政治文明的新途径。"[16]

延伸阅读：邓小平论"一国两制"下的社会主义和资本主义

1984年12月19日，邓小平同志在会见英国首相撒切尔夫人时指出："一国两制"除了资本主义，还有社会主义，就是中国的主体、十亿人口的地区坚定不移地实行社会主义。主体地区是十亿人口，台湾是近两千万，香港是五百五十万，这就有个十亿同两千万和五百五十万的关系问题。主体是很大的主体，社会主义是在十亿人口地区的社会主义，这是个前提，没有这个前提不行。在这个前提下，可以容许在自己身边，在小地区和小范围内实行资本主义。我们相信，在小范围内容许资本主义存在，更有利于发展社会主义。我们对外开

---

16 韩大元：《"一国两制"的文明观及其当代意义》，《中国人民大学学报》2021年第3期。

放二十来个城市，这也是在社会主义经济是主体这个前提下进行的，不会改变它们的社会主义性质。相反地，对外开放有利于壮大和发展社会主义经济。[17]

第二，较好地处理了国家统一特别是现代语境下的曾经被外国占领的领土的统一问题，创造了国家统一的新范式

对于任何一个国家而言，国家统一是国家根本利益之所在。香港、澳门都是中国的领土，后被外国列强强行割让并长期占领，实行了不同于中国大陆的政治制度和社会制度。长期以来，逐渐形成了和中国大陆这个主体不完全相同的中华文化之下的亚文化。由于资本主义世界体系曾经统治世界，世界殖民体系曾经长期存在，殖民地、被占领地方是普遍存在的，国家分裂情形也是长期存在的。发展中国家在处理这类问题时，既面对发达国家一时的实力优势，至少是西方世界整体上的实力优势，又得面临所谓的先进的西方文化对于这些曾经被占领被割裂的土地上的人民的强有力影响，即相当程度上这些被占领地已经高度西化。因此，如何将这类领土统一起来，是不限于中国在内的大量第三世界国家面临的重大问题。国家统一其实也非第三世界国家才有的问题，实际上是人类面临的共同问题。在世界历史上，因为这种领土纠纷而发生战争的事情不在少数，是造成世界动荡的重要原因。也门的长期内战、平民大量死亡就和国家统一问题处理不当有着密切的因果关系。非洲国家苏丹也因为政治分歧而导致国家一分为二。

"一国两制"强调统筹处理好"一国"和"两制"的关系，允许

---

17 邓小平：《中国人是信守诺言的》（1984 年 12 月 19 日），出自《邓小平文选》（第三卷），北京：人民出版社，1993 年 10 月第 1 版，第 96—97 页。

作为一个原被分裂出去的地方实行不同于祖国主体部分的制度，并允许其拥有高度自治权。这种高度自治权实际上突破了一般意义上的联邦制范式。也就是说，在一国的前提下，在不损害国家完整的主权的前提下，赋予地方政府更多的权力，赋予曾经分裂出去的地方的居民更多的自由空间和民主权利。这种既实现了国家统一、维护了国家主权，又保持了地方政府的灵活性的制度模式实际上创造了一种新的中央与地方关系范式，一种新的国家结构形式。这就是对于世界政治文明和人类社会治理范式的伟大贡献，为国际纷争的解决提供了一个范例，具有极强的实践意义。

这一点，邓小平同志是充满自信的。他多次强调"一国两制"的国际意义。1984年6月，邓小平在和香港工商界访京团和香港知名人士钟士元等谈话时说道："香港问题的成功解决，这个事例可能为国际上许多问题的解决提供一些有益的线索。"[18]1984年7月31日，他在和英国外交大臣杰弗里·豪谈话时提到："我很有信心，'一个国家，两种制度'是能够行得通的。这件事情会在国际上引起很好的反应，而且为世界各国提供国家间解决历史遗留问题的一个范例。"[19]1984年10月22日，邓小平在中央顾问委员会第三次全体会议上指出："我跟外宾谈话时还提出：解决国际争端，要根据新情况、新问题，提出新办法。'一国两制'，是从我们自己的实际提出来的，

18《邓小平文选》（第三卷），北京：人民出版社，1993年10月版，第59—60页。

19 邓小平：《我们非常关注香港的过渡时期》（1984年7月31日），出自《邓小平文选》（第三卷），北京：人民出版社，1993年10月版，第68页。

但是这个思路可以延伸到某些国际问题的处理上。"[20]

第三，形成了一种维护主权、强调包容、尊重差异、和为贵、历行法治、信守承诺的新政治文化和新政治原则，丰富了世界政治文明

"一国两制"是中国政府收回香港、澳门时的庄严承诺，是一个国家的政治行为，是由中华人民共和国宪法规定的重要国家制度。"一国两制"建立在尊重国家统一的这个大前提之上，同时又包容差异、崇尚和气，尊重了香港的普通法和法治传统、社会结构，也尊重了澳门的原有法治传统和社会结构，因而是一种新的复合的政治文化、制度形式。"一国两制"保证了中国采取和平方式统一了被分割出去的领土，取得了实践上的成功。而且，随着在香港、澳门 20 多年的成功实践，更是持续地对世界产生影响。

"一国两制"展示出的原则性和灵活性的统一、维护国家主权的坚定性和尊重曾被割裂的地区民众意志的统一、政治智慧和善意的统一，对于你死我活、水火不容的旧的国家统一原则、政治法则是一个巨大进步。它追求崇高的国家统一目标，视为民族使命、国家使命、历史使命，这是坚定不移的、处于优先地位的。但与此同时，它体现了对于和平潮流的尊重，对于同胞意愿的尊重，对于生命的尊重，愿意以最大诚意来减少牺牲，以取得国家的统一。其次，它对于现代政治法则是一大发展，也就是说，一个国家内部应该包容差异、尊重现实，最大限度地尊重本国同胞上百年来形成的新的生活方式、新的价值观

---

20 邓小平：《在中央顾问委员会第三次全体会议上的讲话》（1984 年 10 月 22 日），出自《邓小平文选》（第三卷），北京：人民出版社，1993 年 10 月第 1 版，第 87—88 页。

念，而不是生硬地改造。"和平统一，一国两制"显示了中国中央政府愿意用善意、爱心和包容来抚平历史创伤、殖民创伤，使得整个国家和民族更加健康，更加强大和具有凝聚力。

第四，创造了不同法系在一个国家内部和平共处、相互借鉴、共同发展的宝贵经验

无论是在古代国家还是现代国家，一个国家内部一般只有一套法系。比如古代中国是中华法系。在现代英国美国是英美法系，欧洲大陆则一般是大陆法系。伊斯兰国家一般是伊斯兰法系。像几种法系在一个国家共存是没有的。"一国两制"的提出和实践，创造了在一个国家的主体部分实行社会主义法系，而在其局部地区即特别行政区实行不同法系的先河。具体做法是通过在宪法规定设置特别行政区，特别行政区的制度由全国人大规定，开辟了一块新的空间，允许存在其既有的法系。香港基本法第8条明确规定："香港原有法律，即普通法、衡平法、条例、附属立法和习惯法，除同本法相抵触或经香港特别行政区的立法机关作出修改者外，予以保留。"这就规定得非常清楚。澳门基本法第8条也规定："澳门原有的法律、法令、行政法规和其他规范性文件，除同本法相抵触或经澳门特别行政区的立法机关或其他有关机关依照法定程序作出修改者外，予以保留。"根据学者研究："香港回归前，全国人大常委会对原有法律进行了审查，被审查的香港原有法律总共有条例640多个、附属立法1160多个。经审查，决定不采用为特区法律的原有条例和附属立法只有14个，因部分条款抵触基本法而不采用其部分条款的香港原有条例和附属立法只有10个。可以说，主权回归以后，特别行政区法律体系基本得到了保留，以保持法律生活的安定性与可期待性。"²¹也就是说，香港回归后基本保留了原有的法律。而对于全国性法律，只通过附件三的形式，将14部特定的或与国家象征有关的法律列入其中。

与此同时，特别行政区司法独立，终审权都不需要到最高人民法院。为了解决可能出现的法律上的问题，基本法规定了基本法的最终解释权在于全国人大常委会，同时全国人大常委会授权特别行政区法院在行使审判权时可以解释与案件有关的且无关中央事权的法律条文。此外，在香港，还允许聘用外籍法官。总之，"和平统一，一国两制"创造了一种崭新的法律文化、法律文明观。

因此，"和平统一，一国两制"充满了大智慧，创造了人类用和平与协商方式处理纠纷、争端和历史遗留问题的新范式，形成了一种维护主权、强调包容、尊重差异、和为贵、厉行法治、信守承诺的新政治文化、新政治原则，创造了在尊重历史和现实基础上维护国家主权和实现统一的新模式，创造了不同法系在一个国家内部和平共处、主次分明、相辅相成的新模式。它是世界级的重大国家制度创新，是中华民族对世界政治文明的伟大贡献，为世界其他国家和民族解决类似问题提供了宝贵经验，为人类政治文明的发展进步作出了富有中国智慧的伟大贡献，极大地丰富了人类政治制度史，在人类政治文明史、人类文明发展史上占据着重要地位。

---

21 韩大元：《"一国两制"的文明观及其当代意义》，《中国人民大学学报》2021年第3期。

参考文献

一、著作、专著

1. 《毛泽东文选》（1—4 卷），北京：人民出版社，1991 年 6 月第 2 版。

2. 《邓小平文选》（1—3 卷），北京：人民出版社，1993 年 10 月第 1 版。

3. 《邓小平年谱（一九七五——一九九七）》（上、下卷），北京，中央文献出版社，2004 年 7 月第 1 版。

4. 《江泽民文选》（1—3 卷），北京：人民出版社，2006 年 8 月第 1 版。

5. 《胡锦涛文选》（1—3 卷），北京：人民出版社，2016 年 9 月第 1 版。

6. 习近平：《习近平谈治国理政》（1—4 册），北京：外文出版社，2014 年至 2022 年出版。

7. 习近平：《高举中国特色社会主义伟大旗帜 为全面建设社会主义现代化国家而团结奋斗——在中国共产党第二十次全国代表大会上的报告》，北京：人民出版社，2022 年 10 月第 1 版。

8. 中共中央党史和文献研究院编：《十八大以来重要文献选编》(上、中、下)，北京：中央文献出版社， 2015 年至 2018 年出版。

9. 中共中央党史和文献研究院编：《十九大以来重要文献选编》（上），北京：中央文献出版社，2019 年 9 月第 1 版。

10. 中共中央党史和文献研究院编：《十九大以来重要文献选编》（中）， 北京：中央文献出版社，2021 年 10 月第 1 版。

11. 《改革开放三十年重要文献选编》（上、下册），北京：人民出版社，2008 年 12 月第 1 版。

12. 国务院台办、国新办：《台湾问题与新时代中国统一事业》(2022 年 8 月)，北京：人民出版社，2022 年 8 月第 1 版。

13. 国务院新闻办：《"一国两制"下香港的民主发展》，北京：人民出版社，2021 年 12 月第 1 版。

14. 中共中央台湾工作办公室、国务院台湾事务办公室编：《中国台湾问题干部读本》（修订版），北京：九州出版社，2015 年 3 月第 1 版。

15. 中共中央台湾工作办公室、国务院台湾事务办公室编：《中国台湾问题配套资料》（修订版），北京：九州出版社，2015 年 3 月第 1 版。

16. 国务院台湾事务办公室编：《中国台湾问题外事人员读本》，北京：九州出版社，2006 年 11 月第 1 版。

17. 中共中央台湾工作办公室、国务院台湾事务办公室编：《中国台湾问题干部读本》，北京：九州出版社，1998 年 9 月第 1 版。

18. 全国人大常委会香港基本法委员会办公室编：《香港特别行政区制度法律文件》，北京：中国民主法制出版社，2021 年 9 月第 1 版。

19. 全国人大常委会澳门特别行政区基本法委员会办公室编：《纪念澳门特别行政区基本法实施 20 周年文集》，北京：中国民主法制出版社，2020 年 11 月第 1 版。

20. 严安林、张哲馨等：《"一国两制"：理论的实践与创新研究》，北京：九州出版社，2018 年 10 月第 1 版。

21. 林冈、周文星等：《"一国两制"的理论与实践研究》，北京：九州出版社，2020 年 8 月第 1 版。

22 全国干部培训教材编审指导委员会编：《坚持"一国两制"推进祖国统一》，北京：人民出版社，2019 年 2 月第 1 版。

23. 闵捷主编：《香港故事：五十个独特视角讲述"百变"香港》，北京：商务印书馆，2021 年 5 月第 1 版。

24. 刘蜀永：《简明香港史》，香港：三联书店香港有限公司，1998 年 4 月第 1 版。

25. 陈昕、郭志坤主编：《澳门全记录》，上海：上海人民出版社，1999 年 11 月第 1 版。

26. 田飞龙主编：《视角：香港回归二十年》，北京：文津出版社，2017 年 9 月第 1 版。

27. 王振民：《"一国两制"与基本法：二十年回顾与展望》，南京：江苏人民出版社，2017 年 7 月第 1 版。

28. 冷铁勋：《基本法与澳门"一国两制"实践》，北京：人民出版社，2019 年 5 月第 1 版。

29. 齐鹏飞：《"一国两制"在香港、澳门的成功实践及其历史经验研究》，北京：人民出版社，2016 年 6 月第 1 版。

30. 刘兆佳：《香港社会的民主与管治》，北京：中信出版社，2016 年 12 月第 1 版。

31. 强世功：《中国香港：政治与文化的视野》，北京：三联书店，2014 年 1 月第 1 版。

二、论文

1. 李琳:《毛泽东与"一国两制"的构想》,《福建省社会主义学院学报》2009年第2期。

2. 王英津:《习近平对台工作重要论述的发展创新与时代意义》,《台海研究》2022年第1期。

3. 刘国深:《中共对台大政方针的传承与发展》,《台湾研究集刊》2021年第5期。

4. 韩大元:《"一国两制"的文明观及其当代意义》,《中国人民大学学报》2021年第3期。

5. 田飞龙:《香港基本法与国家建构——回归二十年的实践回顾与理论反思》,《学海》2017年第4期。

6. 夏路:《二战后民族分裂国家统一模式略议——"统一环境"与"统一成本"的视角》,《世界民族》2009年第1期。

7. 强世功:《中央治港方针的历史原意与规范意涵——重温邓小平关于"一国两制"方针的重要论述》,《港澳研究》2020年第2期。

三、网站资料

1. 中国人大网:http://www.npc.gov.cn/。

2. 中国政府网:https://www.gov.cn/。

3. 国务院港澳事务办公室官网:https://www.hmo.gov.cn/。

4. 国务院台湾事务办公室官网:http://www.gwytb.gov.cn/。

5. 香港中联办官网:http://www.locpg.hk/。

6. 澳门中联办官网:http://www.zlb.gov.cn/。

7. 外交部驻香港特别行政区特派员公署官网:http://hk.ocmfa.gov.cn/chn/。

8. 外交部驻澳门特别行政区特派员公署官网:http://mo.ocmfa.gov.cn/。

9. 香港政府官网:https://www.gov.hk/sc/residents/。

10. 澳门政府官网:https://www.gov.mo/zh-hant/。

11. 广东省政府港澳事务办公室官网:http://hmo.gd.gov.cn/。

图书在版编目（CIP）数据

一国两制：维护国家统一和领土完整的重要制度 / 本书编写组编著 . ——
北京：五洲传播出版社，2023.4

ISBN 978-7-5085-5041-1

Ⅰ . ①一… Ⅱ . ①本… Ⅲ . ①一国两制—研究—中国 Ⅳ . ① D618

中国国家版本馆 CIP 数据核字 (2023) 第 064239 号

"认识中国·中国基本制度"系列丛书

一国两制：维护国家统一和领土完整的重要制度

编　　著：本书编写组
出 版 人：关　宏
责任编辑：王　峰
策　　划：常武显
出版发行：五洲传播出版社
地　　址：北京市海淀区北三环中路 31 号生产力大楼 B 座 6 层
邮　　编：100088
发行电话：010-82005927　010-82007837
网　　址：http://www.cicc.org.cn　http://www.thatsbooks.com
排版制作：北京嘉悦信包装有限公司
印　　刷：北京市房山腾龙印刷厂
版　　次：2023 年 8 月第 1 版第 1 次印刷
开　　本：787 mm × 1092 mm　1/16
印　　张：11.75
字　　数：110 千字
定　　价：58.00 元